체인지
UP
하라

체인지 UP 하라

초판 1쇄 인쇄 _ 2018년 12월 5일
초판 1쇄 발행 _ 2018년 12월 15일

지은이 _ 서성미

펴낸곳 _ 바이북스
펴낸이 _ 윤옥초
책임편집 _ 김태윤
책임디자인 _ 이민영

ISBN _ 979-11-5877-070-9 03190

등록 _ 2005. 7. 12 | 제 313-2005-000148호

서울시 영등포구 선유로49길 23 아이에스비즈타워2차 1005호
편집 02)333-0812 | **마케팅** 02)333-9918 | **팩스** 02)333-9960
이메일 postmaster@bybooks.co.kr
홈페이지 www.bybooks.co.kr

온전한 삶을 위한 도전

체인지 UP 하라

서성미 지음

바이북스
ByBooks

나답게 산다는 게 무엇일까 늘 고민했습니다.

온전한 나다움을 위해 치열하게 고민하고, 신속하게 도전하며, 처절하게 시행착오를 겪었던 저의 이야기가 있습니다. 이를 통해 얻은 저의 깨달음이 이제 누군가에겐 위로가 되고, 희망이 되고, 용기를 불어넣어 줄 수 있기를 바라는 마음에 책을 쓰기로 결심했습니다.

막상 제 이야기를 꺼내 놓자니 부끄러운 과거가 떠올라 숨기고 싶고, 꺼낼까 말까 망설여지는 순간도 있었습니다. 시간이 제법 흘렀기에 빛바랜 사진처럼 희미해진 감정들을 원색으로 돌려놓고 그 당시를 세세히 들여다봤던 순간들도 있었습니다.

저와 가까운 지인들이 제일 많이 하는 질문이 "애 셋 키우는 것도 벅찰 텐데, 어떻게 그 많은 일을 합니까?"입니다. 처음에는 이 말에 아이들은 내버려둔 채 나 혼자 즐기며 살고, 자기희생이 없는 이기적인 엄마로 비치고 있나 싶어 뜨끔하기도 했고, 이렇게 살고 싶은 게 진정한 내 모습인데 있는 그대로의 내 모습을 존중받고 있지 못한다는 생각에 서운한 마음이 들기도 했습니다.

이제는 같은 질문을 듣더라도 그분들의 살아오며 겪었던 환경, 배경지식, 세계관과 가치관에서 나올 수 있는 당연한 질문이라고 생각하고 있습니다. 그래서 나의 삶과 또 다른, 그분들의 삶의 모습도 있다고 인정하며, 최대한 질문 그대로를 받아들이고 있습니다. 누가 옳고 그르고, 더 좋고 나쁘다의 문제가 아니라 다름에 대한 인식의 차이일 뿐이라고 말입니다.

간혹 타인의 언행에 상처받고 자존감이 무너질 때도 있지만, 생각을 바꾸고 온전히 나다울 수 있는 노력을 통해 지금도 여전히 저를 성장시켜 나가고 있는 과정을 함께 나누고 싶었습니다. 무한경쟁 시대를 살아가는 이 시대의 청소년, 사회 초년생, 은퇴를 앞두고 인생 후반전을 준비하고 있는 예비은퇴자, 예비엄마, 전업주부와 직장맘들과 나누고 싶습니다.

우리 사회가 짜놓은 평균의 삶을 무조건 수용하는 것이 아닌, 책과 지혜자분들을 통해 의식을 확장하고 나만의 방식으로 풀어나간 제 삶의 과정을 함께 나누며 '나답게 살고자 노력하는 사람이 나 말고 또 있구나, My Way 동지가 생겼네. 야호' 이렇게 생각해주셨으면 좋겠습니다.

자신의 인생 목적지를 아직 정하지 않은 분들에겐, 제 삶의 이야기가 목적지를 찾아 나가는데 도움이 될 수 있도록, 인생길을 걷다가 방향을 헤매고 있는 분이 계신다면 현재 위치를 다시 점검하고 방향을 재설정해서 다시금 한 걸음 내디딜 수 있도록 힘을 실어 드리고 싶습니다.

평균의 삶을 뚜벅뚜벅 열심히 걸어가다가, 잠시 욕심에 눈이 멀어 한눈파는 사이 겪게 된 실패와 좌절에서부터, 그런 일들을 통해 깨닫게 된 교훈들이 저를 성장시켜 주었습니다. 세 아이를 낳고 워킹맘으로서 일, 가정 양립의 칼날 앞에 나라는 사람은 사라지고 의무와 희생을 강요받던 순간 속에서도, 끝까지 놓지 않았던 저의 꿈과 도전정신이 지금의 저를 있게 해줬습니다.

세 아이를 키우며 제약회사 연구원으로서 12년간 근무, 한국정리수납협회 소속 정리수납 강사, 3P자기경영연구소 3P마스터코치, 독서모임 북매니저, 팟캐스트 진행자, 교회 중고등부 간사까지 복에 겨운 하루하루를 살며 많은 분을 만나며, 서로의 성장에 촉진제가 되어주고자 살고 있습니다.

지금에 와서 뒤늦게 경험한 정체성을 찾아 방황한 삼십춘기 성장 스토리를 시작해 보려고 합니다.

동시대를 살아가는 동지분들에게 '저런 삶도 있구나'라고 편하게 열린 마음으로 받아들여 주시기 바랍니다. 제 이야기가 공감 갈 때는 한 템포 쉬어가면서 떠오르는 생각에 흠뻑 빠져보시고, 마음속에

힘을 얻게 되시면 도전 목표도 세우면서 구체적인 실행방법을 모색
해 보셨으면 좋겠습니다.

오늘도 온전히 나답게 살아가고 있는 모든 체인지-UP 동지분들
과 파이팅을 외쳐봅니다!

저자 서성미

PART 1

실패를 딛고

가장 지혜로운 사람은 본인의 실패에서 깨달음을 얻고 다시 실패를 반복하지 않을 뿐 아니라 나아가서 타인의 실패를 통해 동일한 실패를 직접 겪어보지 않고도 실수를 하지 않는 것이구나 생각을 하게 되었습니다.

저의 들추고 싶지 않은 이야기를 이제는 꺼낼 수 있게 된 것은 저의 실패담을 통해서 어떠한 결정이든지 결정이 가지고 올 결과에 대한 책임까지 받아들이고 감당할 수 있어야 삶을 주도적으로 살아갈 수 있다는 것을 말하고 싶었습니다.

1.
도금한 흙수저

　부모의 재력과 능력이 자식들에게 대물림 되어 개천에서 용 나던 시절은 사라졌다는 의미를 담고 있는 금수저, 흙수저라 칭하는 수저 계급론을 요사이 종종 듣게 됩니다. 이처럼 수저 계급론으로 접근해 볼 때, 나는 어떤 수저일까 스스로에게 질문을 던져본 적이 있었습니다. 또 우리 아이들은 이다음에 커서 부모 노릇을 해왔던 나를 어떻게 평가하고 생각할까? 궁금증을 가진 적도 있습니다.

　저의 유년시절 성장배경을 회상해 봤을 때 저는 도금한 흙수저였습니다. 읍 단위의 작은 시골에서 뭐가 부족하고 불편한지 모르고 자라서 우리 집이 찢어지게 가난하지도 부유하지도 않은 살아가기에 불편함이 없는 가정이라고 생각했습니다. 막노동으로 시작해서 장의사를 개업해 평생 온몸으로 삶의 무게를 감당해 내신 아버지와 동네 구멍가게로 오빠와 저의 대학공부까지 뒷바라지해주신 어머니, 우리 부모님은 묵묵히 당신들의 삶을 살아내 주셨습니다. 필요한 것이 있다면 필요도에 따라 이유를 들어보고 굳이 없어도 된다면, 이유를 설명해 주시고 안 사주셨지 "돈이 없어 못 사주겠다"라고 말씀하신 적이 없었습니다. 그래서 우리 집이 가난하다는 생각을 못 하고 성장해왔습니다.

중학생 때 친구와 길을 가다 손수레에 소주와 맥주 상자를 가득 싣고 시장으로 배달 가는 엄마와 건널목에서 마주쳤습니다. 친구에게 "우리 엄마야" 하며 엄마를 소개해 줬는데, 친구는 엄마 곁에 서 있던 딱 봐도 엄마라는 소리를 듣기에는 젊은 여성분께 인사를 했습니다. 어떤 상황인지 직감한 저는 "이쪽이 우리 엄마셔"라고 다시 소개했고, 친구는 당황한 기색으로 다시 인사했습니다. 왜 곁에 있던 여성을 우리 엄마라고 생각했을까? 함께 있었던 친구는 학생회 회장이었고 저는 학생회 부회장이었습니다. 그 친구의 어머니는 입시학원 원장님으로, 학교 공식행사에도 종종 참석하셔서 어떤 분인지 알고 있었습니다.

엄마에겐 죄송스럽지만, 그날 처음으로 엄마가 부끄럽다는 생각을 했습니다. 내가 사랑하는 우리 엄마를 처음으로 성공과 부를 따지는 세상의 흔한 잣대로 들여다보게 된 순간이었습니다. 지금 돌이켜 생각해보면 나 역시 외적으로 보이는 이미지를 보고 섣불리 누군가를 평가하고 판단했으면서, 반대의 상황을 내가 겪게 되니 속상했던 것이었습니다.

중학생이 되고 사춘기가 시작되면서, 나는 누구인가? 내 부모는 어떤 사람인가? 나는 어떤 꿈을 이루고 싶은 것일까? 고민하기 시작했습니다. 중학교 1학년 때 매일 아침 조회시간에 국어를 담당하셨던 담임선생님께선 《좋은생각》 월간지에 실린 글을 해당 요일에 맞춰 읽어주셨습니다. 하루는 막노동일을 하며 대식구의 가장으로 고생하시는 아버지께 드리는 편지글을 읽어주셨는데, 저의 아빠가 머릿속에 떠올랐습니다. 저는 울면 안 된다고 마음으로 열심히 다짐했지만, 눈이 새빨개지고 기어이 눈물을 흘렸던 기억이 있습니다. 담임선생님께서는 "성미가 아빠 생각이 났나 봐"라고 가볍게 넘겨주시면서 살포시 제 어깨를 토닥토닥 두드려주셨습니다. 어린 나이에도 가족을 위해 희생하고 한눈팔지 않고 묵묵히 일상을 감당해 내신 부모님을 생각하면 원망과 불평이 나오려다가도, 죄송스런 마음이 먼저 드는 것이 자식 된 마음인 것 같습니다. 그 당시 매일 아침 좋은 글로 천방지축 말괄량이 여중생들에게 정서적으로 안정감을 주셨던 선생님의 가르침이 참 지혜로우셨구나! 생각이 듭니다.

다시 수저 타령으로 돌아와서, 친구와 나눴던 우리들의 수저 등급 결론입니다.

"성미야, 나는 금수저고 흙수저고 광물로 만들어지진 않은 것 같아. 난 아무래도 일회용 플라스틱 숟가락인가 봐."

어려운 가정형편을 탓하지 않고 주어진 환경에서 최선의 노력과 긍정적인 마인드로 열심히 살아온 친구의 삶을 알기에, 친구가 표현한 일회용 숟가락이라는 표현마저 멋지게 느껴졌습니다. 내가 바꿀 수 없는 환경을 원망하고 낙담해서 주저앉는 것이 아니라, 내가 바꿔나갈 현재의 선택과 실행이 더 중요하다는 것을 친구와 대화하는 중에 문득 깨닫게 되었습니다.

저 역시 현재의 모습을 들여다보면서 내가 처해 있는 환경의 한계점과 어려움, 난관들만 생각하며 문제를 뛰어넘을 생각은 엄두도 못 내던 순간들이 있습니다. 지금은 낙담하여 좌절하고 포기하고 싶은 순간들이 끊임없이 계속되더라도 해도 후회, 안 해도 후회라면 생각한 대로 해보자 쪽으로 무게감을 싣고 새로운 것에 도전해 나가고 있습니다. 지금은 각자의 도전 속에, 서로 응원해주고 있는 가족, 친구, 코치, 멘토, 멘티들이 있어서 얼마나 든든하고, 힘이 되며 신나고, 흥미진진한지 모릅니다.

영화감독 봉준호 감독이 딸이 가훈을 적어가야 하는 숙제가 있어 "아빠, 우리 집 가훈은 뭐야?"하고 물었더니 해주었던 답변이 기가 찹니다.

"안 되면 말고."

여러분은 꿈을 향한 도전이나 소명을 위한 삶을 산다고 할 때 너무 진지하고 숙연해지는 마음마저 들 때가 있진 않았던가요? 이제

가볍게 도전해보고 "어? 아니네" 하고 도전과 그에 따른 과정 자체를 즐길 수 있었으면 좋겠습니다. 저부터 말입니다.

저 또한 도전이라는 단어 앞에서 너무 진지했습니다. 하지만 지금은 도전 자체와 모든 과정을 순간순간 즐기려고 노력하고 있습니다. 이것은 나다운 삶을 살아가는 방법의 하나로써, 새로운 변화에 대한 도전을 통해서 내가 어떤 사람이며, 어떤 일을 좋아하고 싫어하는지 알아갈 수 있습니다. 이렇듯 새로운 도전을 통해서 나를 알아갈 수 있게 되는 것은 자신의 성장을 위해 중요합니다.

이젠 수저 타령 하지 말았으면 좋겠습니다. 숟가락 역할이 밥을 잘 먹을 수 있게 만들고, 결국 건강하고 튼튼하게 삶을 살 수 있도록 돕는 도구이니, 우리가 할 일은 그 숟가락을 잘 이용해서 밥 잘 먹고 튼튼해지면 되는 것입니다. 내가 처해 있는 상황을 진실하게 정면으로 마주할 용기를 갖고 내가 원하는 삶으로 하루하루 주어진 시간 앞에 충실하길 간절히 바랍니다.

실패를 딛고

2.
재테크를 시작하다

2007년에서 2008년 미국에서 시작된 서브프라임 모기지 사태로 인해 국제 금융위기의 여파가 한국을 강타했던, 2008년 12월에 28세 나이로 결혼했습니다. 신혼의 단꿈을 꾸며 신혼집을 알아보러 다니던 중에, 예비남편과 함께 가지고 있던 예산 6,000만 원에 맞는 매물을 알아보다 보니, 경기도 안산 내에선 5층 연립빌라 투룸 전세가 적당했습니다. 예비남편과 저는 30년도 더 지났고, 이름은 아파트였지만, 연립빌라인 전세물건을 보러 갔습니다. 현관부터 음산하고, 화장실 욕조는 곰팡이로 덮여 있고, 자주색 필름 지로 마감된 싱크대와 묵은 짐이 가득한 베란다를 보는 순간 신혼의 단꿈은 날것 그대로인 현실에서 처참하게 박살이 났습니다. 제일 먼저 들었던 생각은 '이런 집에서 집들이는 못 하겠다'였으니까요.

우여곡절 끝에 얻게 된 우리의 신혼집은 예산 6,000만 원에 추가로 전세자금 대출을 받아, 25평 방 2개짜리 아파트였습니다. 그래도 신혼집이니 도배, 장판을 새로 하고 신혼살림들로 구석구석 채우니, 여지없이 참기름 냄새가 폴폴 풍기는 신혼집으로 탈바꿈할 수 있었습니다.

결혼하기 전 아가씨였을 때는 제가 번 돈으로 자유롭게 하고 싶은 것을 하며 돈을 쓸 수 있었습니다. 첫 월급을 받고 부모님께 제일 먼저 용돈을 드렸고, 그 이후로는 하고 싶었던 일, 갖고 싶었던 것을 사느라 미래에 대한 투자나 리스크에 대한 대비는 생각하지도 않았습니다. 저는 한 달 벌어, 버는 족족 다 써버리는 전형적인 소비형 패턴으로 생활을 했습니다.

직장인이 되어 처음으로 만든 신용카드를 쓰면서, 탄탄한 기업에 소속된 덕분에 신용으로 거래할 수 있다는 것을 자랑이라도 하듯 씀씀이는 나날이 커지고 있었습니다. 종국에는 스키장 회원권 구입 때문에 목돈이 필요해 마이너스 통장까지 개설했습니다. 그리고 그런 상태로 결혼 준비를 해야 할 지경에 다다랐습니다. 미래의 행복에 대한 담보도 없이, 현재를 희생하지 말고 열심히 즐기자는 생각을 우선시하며 철저하게 잘 지켜나갔던 것입니다.

그런 제가 결혼을 하게 되었던 것이지요. 결혼 후 저는 현실을 직시하며, 조금씩 미래를 계획하게 되었고 절약과 재테크에도 눈을 뜨게 되었습니다. 부지런히 재테크 카페에 접속해서 살림 방법을 하나씩 알게 되었고, 절약 고수들의 노하우를 배워가는 재미에 푹 빠졌습니다. 시간이 나면 예전처럼 친구들을 만나고 쇼핑하러 다니는 대신 온라인 커뮤니티에 접속해서 게시글을 읽어가는 재미에 빠졌습니다. 맞벌이로 버는 월급은 입금과 동시에 전세금 대출부터 갚아나가기 시작했습니다. 이로 인해 대출금액 2,000만 원은 1년도 채 지나지 않아 상환할 수 있었습니다. 이후부터는 통장에 잔액이 쌓이기 시작했고, 통장을 펼쳐볼 때마다 커지는 금액을 보며, 돈을 모아가는 재미가 뭔지 알게 되었습니다.

더 시간이 지나고 더 큰 목돈이 모이게 되자, 재테크 관련 서적을 더 찾아서 읽게 되었습니다. 커뮤니티사이트의 게시글도 살림과 절약에서 투자 분야로 관심이 옮겨졌습니다. 이때 미친 듯이 재테크에 빠졌던 이유는 미래에 대한 불안감이 가장 큰 이유였습니다. 구체적으로 미래의 청사진이 있었던 것이 아니였기에, 곧 생길 아이로 식구가 늘어 날 상황을 앞두고, 육아를 전담한다는 이유로 직장을 그만두게 된다면, 외벌이로 생활해 나가면서, 3식구가 살 수 있는 내 집 마련도 어림도 없겠다 생각되었습니다.

아가씨 때, 은행 창구 행원의 추천으로 펀드를 들어 본 경험이 전부인 제가, 재테크를 했던 방법은 다양했습니다. 본격적으로 실전에 들어가기 전, 관심 분야의 책들을 읽으면서 깨닫게 된 것은 '투자가 위험한 것이 아니라, 무지(無知)가 위험하다'라는 것이었습니다. 그래서 저는 제일 흥미롭게 생각했던 부동산 투자에 대해 배워볼까 싶어 퇴근 후, 야간에 수업이 진행되는 경매학원을 1년간 다니게 되었습니다. 거의 매일 학원에 다니다 보니, 비슷한 연배끼리 자연스럽게 스터디그룹을 만들어 주말에는 안산 인근인 수원, 화성, 용인으로 부동산 임장활동도 다녔습니다. 첫 아이를 임신한 상태라서 한두 번씩 스터디 모임을 빠져야 했고, 수업도 자주 빠지는 바람에, 1년 가까이 시간을 들였던 저의 경매공부는 사실 이론만으로 끝이 났습니다.

저의 첫 부동산 투자는 안산지역 오피스텔매매로 시작되었습니다. 경매학원에서 부동산 공부를 1년 가까이 배웠어도 실전으로 실행하기엔 용기가 안 나 안정적인 방법으로 접근했습니다. 이에 저는 급매물건을 부동산을 통해서 사들였습니다. 그 이후로 재테크 성향이 비슷한 절친과 공동으로 지방 소형아파트며 오피스텔을 전세를 끼고 매입하며 투자 단위를 늘려나갔습니다. 전세가 만기 되면 전세금을 증액해 또 사들일 수 있겠다는 생각에 실천해 나간 결과, 2년 만에 6개의 부동산을 사들일 수 있었습니다. 젊고 혈기 왕성했던 두 사람은 겁도 없이 신용으로 연봉의 몇 배도 대출할 수 있다는 사실에 들떠서 계속해서 재테크의 세계에 빠져들었습니다.

저의 재테크 종목은 부동산뿐만 아니라, 주식까지 손대며 영역을 넓혀나갔습니다. 제가 몸담고 있는 부서는 R&D 부서인지라, 자사 주식이 곧 신약 허가를 득하고 출시하게 되면 주가가 크게 치솟을 것이라는 정보를 중심에서 들을 수 있었습니다. 이에 저는 첫 주식투자를 자사주로 시작하게 되었습니다. 매일 매일 주가가 상승하는 것을 보면서 '안 먹어도 배부르다는 것이 이런 것이구나'라는 말을 실감했습니다. 은퇴까지 월급 때문에 몸이 매여 일만 하는 직장인들의 삶을 어리석은 짓이라고 비웃으며, 하루하루 행복함에 도취해 갔습니다.

이왕이면 같은 금액을 투자해 바로 수익을 발생시킬 수는 없는 것인가? 더 많은 이윤을 남길 방법은 없을까? 고민하던 중 즐겨 접속해서 정보를 얻었던 재테크 커뮤니티의 칼럼리스트께서 출간기념으로 모임을 주최한다는 소식을 접하게 되었습니다. 저는 평소 그의 투자 마인드를 본받고 싶었고 성공 사례가 남달랐던 이 분을 꼭 뵙고 싶어 모임에 참석했습니다. 칼럼리스트분의 투자 방법은 제가 경험했던 소형아파트와 오피스텔을 매매하고 임대하는 방법과 달리 토지주택공사가 기획해서 분양하는 계획도시 부지를 낙찰받는 방법이었고, 분양받은 단독주택부지에 다가구주택을 지어서 임대하는 그 당시 저에겐 신세계 부동산 접근법이었습니다. 출간기념 모임에서 저자분이 따로 운영하는 커뮤니티와 운영진들도 소개를 받았습니다. 온라인에서 닉네임으로 소통했던 분들을 직접 마주하며 이야기 나누니, 신기하기도 하고 가깝게 느껴졌습니다.

모임에서 일일이 참석한 회원분들과 명함교환을 했고, 모임 이후에도 그분들과 커뮤니티에서 가까이 소통하며 지냈습니다. 가까워진 운영진분들 및 투자자 몇 분과 공동투자 이야기가 나왔고, 모인 투자금으로 땅을 사서 건물을 지어 올리고, 임대까지 완료해 수익을 내자는 프로젝트를 진행하기로 의기투합이 되었습니다. 저는 기획단계에서부터 진두지휘해주는 운영진분을 믿고, 또 함께하는 전문직 종사자인 회원님들의 능력을 믿고 겁도 없이 투자를 결심하게 되었습니다. 그러나 실상은 땅을 사는 것부터 후보지를 두고 의견이 분분하더니, 건물 짓는 시기와 대출 관련 명의 부분까지 무엇 하나 쉽게 진행되는 것이 없었습니다. 이 일은 사들였던 땅을 다시 팔고 투자금을 그대로 돌려받은 것으로 결론이 지어졌습니다. 저는 이 경험을 통해 '공동투자라는 것, 즉 동업한다는 것이 쉬운 일이 아니구나'라는 깨달음을 얻게 되었습니다. 관련된 일을 처음 접해본 것이었고 각자 목표하는 바가 다를 수 있는 부분인데, 사전에 충분한 논의를 통해 구체적인 목표와 합의점을 만들어 두지 않고, 의욕 하나로 진행하려고 했으니 결과는 당연했을 것입니다.

저는 《부자아빠 가난한 아빠》의 저자 로버트 기요사키가 말하는 4사분면 1) 근로자, 2) 사업가, 3) 기업가, 4) 투자가 중에서 기업가와 투자가로 계층 이동을 할 때 필수적으로 필요한 것이 시스템과 사람이라고 한 말에 절실하게 공감을 하고 있습니다. 지금의 관점으로 과거를 돌아보니 매뉴얼도 부재했었고, 함께하려고 한 사람은 많으나 실무를 진행할 사람이 없었던 것입니다. 재테크는 계속해서 확장되어 현물투자(금, 은 등)와 달러 투자로까지 확장되었고 수입가구와 커피점 운영에 대한 수익금을 공유하는 사업가에게 투자하는 지경까지 왔습니다.

회사는 다니고 있었지만, 제가 투자한 금액이 다음 달 수익금으로 입금되는 구조라 어떻게 더 많은 금액을 투자하고 수익금으로 받을지 고민하며 열을 올렸고, 이렇게 계속 벌다간 회사에 다닐 필요도 없겠다는 생각마저 들었습니다. 하지만 사람 일이란 것이 그렇듯이, 돈은 생각한 대로 쉽게 벌리지 않았습니다. 몇 달간 단꿈을 꾸게 했던 수익금 공유는 매달 꼬박꼬박 잘 입금해주더니, 얼마 가지 않아 사기인 것을 알게 되었습니다. 약속 한 날 수익금이 들어오기는커녕 연락마저 닿지 않았던 것입니다. 내가 통제할 수 있는 시스템이 아니기에 언제라도 무너질 수 있었습니다. 그 무너짐은 너무 빨리 다가왔습니다.

상황을 제삼자의 객관적인 시선으로 보면 볼수록 엉터리 사업이고, 사업의 형태도 없는 허상이었습니다. 벌었다 한들 벌어야 하는 이유가 뚜렷하지 않았기 때문에, 지키고 유지하는 것이 힘들었을 것으로 생각합니다. 그리고 얼마나 알고 지낸 사이라고 단박에 신뢰하고 아이들 출산 축하금부터 명절 용돈 받은 것을 시작으로 적금까지 해약하면서 투자했던 것인가 생각하면, 자다가도 가슴이 답답해서 벌떡벌떡 일어났습니다. 무엇보다 저의 실수를 인정하는 것이 제일 힘들었습니다.

이런 시행착오를 겪으면서 부에 대한 정의와 삶에 대한 이유, 그리고 무엇보다 가장 소중한 것이 무엇인지에 대해 생각하고 정의와 기준을 정립할 수 있었습니다. 사랑하는 가족과 나 자신을 지키기 위해 타인에게 통제권을 넘기고 운과 요행을 바랄 게 아니라, 스스로 삶의 무게를 있는 그대로 받아들이고 책임을 져야 함을 깨달았습니다. 진정한 투자는 '나에 대한 투자가 진정한 투자다'라는 사실을 깨닫고, 책을 통해서 또는 롤모델을 통해서 그들의 실패와 성장과정을 깊게 들여다보면서, 실수를 반복하지 않는 훈련을 지금도 하고 있습니다.

3.
사기, 그리고 법정

38년간의 삶을 되돌아봤을 때 가장 힘들었던 순간은, 지금으로부터 6년 전 둘째 아이를 임신하고 출산을 앞두고 있을 때였습니다. 당시 저는 둘째 아이가 태어나면 다니던 회사를 그만두고 싶었습니다. 100일도 채 되지 않아 어린이집을 다니기 시작한 첫째 아이에게 늘 죄지은 마음이 앞섰던 지난 삶을 청산하고, 저는 두 아이 육아에 전념하고 싶었습니다. 첫째 아이를 키울 땐 양가 부모님의 도움을 받기 어려운 상황이라 보육방법으로써 베이비시터와 가정식 어린이집 두 개를 놓고 고민을 했습니다. 비용과 보육의 질, 아이의 안정감 등 여러 조건을 두고 고민한 끝에, 저는 같은 아파트 단지의 가정식 어린이집으로 결정했습니다. 그 후 발품을 팔아 여러 곳을 둘러본 뒤에 믿음이 가는 원장선생님을 만나 안심하고 아이를 맡길 수 있었습니다. 출산휴가가 끝난 저는 바로 복직했습니다. 아침 7시 반 출근

길에 아이를 맡겨, 저녁 7시 반에 하원 하는 상황을 이어가다 보니 감당하기가 너무 힘겨웠습니다. 이를 계기로 잠시 직장을 내려놓고 '아이들이 크면 다시 뭐라도 시작하면 되겠지'라고 막연하지만, 긍정적으로 생각하며 마음을 굳히고 있었습니다.

출산 막달이 될 때까지 직접 운전을 해가며 출퇴근을 했고, 그 와중에도 주말을 이용해서 부동산 스터디 모임도 나갔습니다. 사회생활을 시작한 이래 직장생활 경험밖에 없던 제가, 사업의 '사' 자도 모르면서 커피숍 사업과 수입가구 사업에 공동투자를 했습니다. 그 당시 부동산 재테크 카페 회원 중에 친분을 쌓은 분과 몇 번 의견을 주고받았던 것이 다인데, 모든 상황을 긍정적으로만 생각했던 것이지요.

시간이 흐른 후, 투자를 유치한 사람으로부터 투자금과 수익금을 받기로 약속한 기한이 지났는데도 마냥 믿고 기다렸습니다. 그러다 연락마저 피하는 것을 느꼈고, 종국엔 연락이 아예 두절되자 초조해지고 걱정되기 시작했습니다. 저는 그 사람의 집 앞에서 잠복하며 기다리기에 이르렀고, 그의 어머니를 만나 이야기를 나누기도 했습니다. 공동투자를 했던 사람 중, 간절히 함께 대책을 구했던 저를 포함한 세 사람은 못 받은 돈을 받아준다는 법무법인 광고를 보고 직접 방문해서 상담을 받았습니다. 밑 빠진 독에 물 붓기를 하듯 돈만 뜯기는 것은 아닐까 하는 우려가 컸지만, 꼭 돈을 돌려받아야 했기에 세 사람은 함께 민사, 형사적인 절차를 밟았습니다. 고소장을 접수한 후, 둘째를 출산하고 산후조리원에 입원해 있는 기간에 지방 검찰청에서 제 앞으로 온 우편물을 남편이 보게 되었고, 남편은 산후조리원으로 우편물을 챙겨와 제 앞에 꺼내 놓았습니다. 심장이 철렁 내려앉았습니다.

이 모든 과정에서 남편은 전혀 아는 바가 없었습니다. 남편은 투자한 금액을 어떻게 마련한 것인지, 피해 금액은 얼마인지, 그 돈을 다시 받을 수 있는 것인지도 궁금했겠지만, 아무 말이 없었습니다. 저는 용기를 내 그동안 있었던 일들을 말해주었고, 남편은 충격에 휩싸인 표정을 지으며 어떠한 이야기도 꺼내지 않았습니다. 남편은 깨져버린 신뢰관계에 큰 충격과 실망, 배신감을 느꼈을 것입니다. 이후 둘째 아이의 출생신고를 하기도 전에 이혼 얘기가 오갔습니다. 저는 사건을 만든 죄책감과 자괴감에 힘들었지만, 저의 잘못과 실수로 가장 가까운 사이인 배우자가 배신감에 치를 떨며 힘들어하는 모습을 지켜보는 일이 더 힘들었습니다.

감사하게도 남편은 담담히 이 모든 상황을 받아들이고 함께 헤쳐나가 보자며 저를 용서해 주었고 그동안 부동산 재테크로 보유한 오피스텔이며 지방 소형아파트를 포함해 자사보유주식 등을 팔아서 신용으로 대출받은 것들을 먼저 갚고 빚을 없애 나갔습니다.

그사이 형사소송 절차로 수배자가 된 그 사람은 추적하던 사람 중 한 명의 신고로 붙잡혔고, 구속 수사가 시작되었습니다. 그때까지만 해도 대법원 사이트는 경매 물건을 검색하기 위한 용도로만 접속해봤는데, 사기사건에 연루된 당사자로서 나의 민원 검색을 위해 접속하게 될지는 상상도 못 했습니다. 1차 판결이 나고 순순히 죗값을 치르겠다던 그 사람은 민선 변호사를 선임해서 항소를 신청했습니다. 재판 과정에서 전국적으로 커피 사업권을 들먹이며, 바리스타 교육을 받으러 온 어르신들에게도 투자금을 받아 날린 전적이 있다는 것을 새롭게 알게 되었습니다.

이 일을 곱씹을수록 작정하고 속인 그 사람의 잘못이 아니라, 사탕발림 말에 넘어가 '묻지마 투자'를 했던 내 잘못과 뻔히 반대할 남편과 상의 한번 하지 않고 일을 저지른 것 등 모두 제 탓이라는 생각을 하게 되었습니다. 실패는 누구나 할 수 있다고 생각합니다. 하지만 이 상황 속에서 자기비하, 자기연민에만 빠져 있다면, 나를 믿어주고 헤쳐 나오길 기다려주는 사랑하는 사람들에게 또다시 실망과 상처를 주는 일이라고 생각했습니다.

무엇보다 나부터가 나를 믿지 못하고, 스스로 이겨낼 수 있다고 응원해주지 않으면 안 되겠다는 생각이 들었습니다. 이 당시 가장 힘이 되었던 것은 타인의 실패담과 이를 극복한 사례가 담긴 책들이었습니다. 나보다 훨씬 더한 좌절과 실패를 했음에도 불구하고 재기에 성공한 사람들이 많았고, 한 번의 실수가 인생 전부가 아니라는 사실이 위로가 되었습니다. 그리고 실패 없는 성공은 있을 수 없다고 생각했습니다. 가장 지혜로운 사람은 본인의 실패에서 깨달음을 얻고 다시 같은 실패를 반복하지 않을 뿐 아니라, 나아가 타인의 실패를 통해 같은 실패를 직접 겪어보지 않고도 실수를 피하는 지혜를 얻는 것이라는 깨달음을 얻게 되었습니다.

TV에서 1990년대 전성기 댄스그룹 〈룰라〉의 멤버였던 이상민 씨가 사업에 실패하고 빚쟁이에게 시달릴 때, 돈을 받으러 온 사람이 "마른오징어도 짜면 물이 나와"라며 말했다고 합니다. 이 말을 들은 이상민 씨는 죽으라 일을 해서 빚을 갚아 나갔다고 합니다. 어느 정도였느냐면, 일은 가리지 않고 닥치는 대로 해야 했고, 잠자고 먹을 시간은 없고 밥 사 먹을 돈이 없어서 포카리스웨트, 게토레이 같은 이온음료를 마시면서 버텼다고 합니다. 그 이유는 탈수하지 않고 아파서 쓰러지지 않기 위해서였습니다. 이상민 씨의 사연을 보면서 '자기 인생에 또 자기 문제에 정면 돌파로 책임질 줄 아는 사람이구나. 반드시 재기에 성공하겠다'라는 생각을 했습니다.

이렇게 저의 들추고 싶지 않은 이야기를 꺼낼 수 있게 된 것은, 저의 실패담을 통해서 어떠한 결정이든지, 그 결정이 가지고 올 결과에 대한 책임까지 받아들이고 감당할 수 있는, 삶을 주도적으로 살아갈 수 있는 자신감을 심어드리기 위함입니다. 또한, 결혼한 사람들에게 투자는 절대 혼자 하는 것이 아니라 부부가 함께 공동의 목표를 갖고, 진행해 나가야 한다는 것을 말씀드리고 싶어서입니다. 저는 힘들게 모은 돈도 잃어 보고 소중한 가족의 신뢰도 잃어 봤습니다. 돈은 없다가도 있는 것이고 있다가도 없는 것이지만, 신뢰를 잃는다는 것은 쌓았던 시간의 몇 배를 들여도 깨끗이 회복하기 힘든 것입니다. 그렇기에 저는 돈을 좇기보다는 신용을 지키는 것에 더 큰 무게를 두고 살아가고자 합니다.

내 인생을 온전히 살아갈 수 있는 첫 번째 조건은 '내 삶의 책임은 내가 진다'라는 마음가짐이라고 생각합니다. 제 인생의 온전한 삶의 시작은 이 마음가짐을 머리가 아닌, 가슴으로 받아들였을 때부터라고 생각합니다.

4.
다시 일어서는 힘

첫째 딸, 둘째 딸 모두 100일이 채 되지 않은 상태로 같은 아파트 단지 안에 있는 가정식 어린이집에 맡기면서 복직을 했습니다. "여자는 약하지만, 엄마는 강하다"라는 말을 증명이라도 할 요량으로 지금 생각해보면 다시 못할 초인적인 정신력으로 버텨냈습니다. 요즘 말로 독박육아를 하면서 일도 하랴 살림도 하랴 몸도 마음도 방전된 상태로 꾸역꾸역 의무감에 버티던 나날이 이어졌습니다. 육아에 있어 양가 부모님의 도움을 받을 처지도 못 되었고, 첫째 출산 즈음에는 남편이 본업과 관련된 자격증 취득을 위한 공부를 위해 퇴근 후 안산에서 금정까지 가서 야간수업을 듣고 왔고, 주말에도 도서관으로 출근해서 저녁 늦게 귀가하던 생활이 2년가량 이어졌습니다.

저와 남편은 스노우보드 동호회에서 만났습니다. 1년간, 요즘 세대 말로 썸을 타던 시간을 보냈고, 연인으로 발전한 뒤 100일도 안

돼서 결혼했습니다. 자격증 취득도 썸을 타던 1년 동안 충분히 시간이 있었을 텐데, 총각이고 시간도 많은 그때 준비했었다면 오죽 좋으련만, 갓난아기를 키우며 남편의 퇴근 시간만 손꼽아 기다렸지만, 남편은 자격증 준비로 함께해주지 못했습니다. 하지만 가장으로서 남편이 지고 있을 삶의 무게를 생각해서 힘들다는 투정 한번 부리지 않았습니다.

부부가 본인의 감정을 잘 표현하는 것은 건강한 부부관계를 유지하기 위한 필수 요소라 생각합니다. 감정을 표현하지 않고 '언젠가는 알아주겠지' 하며 표현을 아끼면, 그것이 습관이 되어 무슨 일이 생겨도 혼자서 지레짐작 판단하고 결정해버리게 됩니다. 이로 인해 내가 판단해서 결정한 것이 옳은지 그른지 평가될 때까지 걱정과 두려움 속에서 사는 게 일상이 되어버립니다. 그래서 결국 저도 사기를 당하고 법정까지 가는 사태를 만들었던 것이었습니다. '전화위복'이라는 말이 있지요. 그 사건 이후 부부간에 대화 없이 깊어질 대로 깊어진 골이 있다는 것을 서로 알아차리게 되었고, 그 골의 깊이를 메워보고자 노력하는 계기가 되었으며, 잘살아 보고자 노력했던 본심을 서로 들여다볼 수 있는 시간이 되었습니다. 저 또한 물질만능주의에서 한 발자국 물러나 진정한 행복과 나답게 산다는 것이, 어떤 삶인가 고민하고 반성하는 시간을 가질 수 있었습니다.

한참 힘든 시기를 보내던 중에 회사를 그만두겠다던 계획은 수포가 되었으며, 둘째 딸아이도 언니가 다니고 있는 어린이집에 맡기기로 하고 저는 회사로 복직해야 했습니다. 이것저것 투자하면서 부자가 되어서 멋지게 퇴사하고 남편 뒷바라지하면서 알콩달콩 살림하며, 아이들과 충분한 시간을 함께 보내겠다는 저의 꿈은 먼 미래의 희망 사항으로 남기고 현실로 돌아와 복직했습니다. 밀려 있던 업무를 파악하고 신속하게 회사에 적응한 뒤, 임산부라는 자격으로 누렸던 그간의 혜택을 갚는 일이 기다리고 있었습니다.

복직하니 몸은 천근만근 피곤해도 밤중 수유를 위해 새벽에 자주 깨야 했고, 한번 단잠에서 깨고 나면 다시 잠드는 일이 힘들었습니다. 생각의 꼬리를 한번 물기 시작하면, 그날 밤은 다시 잠드는 것을 포기하고 떠오르는 단상의 끝을 쫓으며 현재에 집중하는 것이 차라리 속이 편했습니다.

나는 어떤 일이 적성에 맞는 사람일까? 좋아하는 일을 하면서 아이도 잘 키워낼 방법이 무엇일까? 가치도 있는 일인데 값어치까지 있는 일이 무엇일까? 즐기면서 할 수 있는 일은 무엇이 있을까? 저는 주로 이런 생각들을 했습니다.

하나에 꽂히면 스마트폰으로 관련된 내용을 찾아보고, 답을 구하면서 밤을 새우는 날이 많았습니다. 몸은 피곤했지만, 이상하게 무언가에 집중해서 빠져 있는 시간이 즐거웠습니다. 에너지가 충전되는 저만의 특이한 방식이었습니다.

그렇게나 알고 싶었던 '서성미는 누구인가?'라는 질문에 대한 답을 찾는 방법에는 여러 가지가 있었습니다. 여러 가지 성격유형테스트 평가를 통해서, 타인을 통한 평가를 통해서, 또 제가 살아오면서 성취한 일들이나 힘들었던 일들을 어떻게 극복했는지 과거를 돌아봄으로써 나를 알 수 있었습니다. 마지막 하나는 무엇인가 시도하는 과정에서 그것을 어떻게, 그리고 얼마나 즐기는지를 통해서도 '내가 이 일을 좋아서 하는구나'라는 것을 알 수 있다고 생각합니다.

매일 밤 '내가 어떤 일을 하고 살면 좋을까?' 생각했습니다. 이런 모습, 저런 모습 상상만 했지 막상 시도하고 도전해보면, 진짜로 제가 원한 것이었는지 막연한 바람이었는지 알 수 있었습니다.

그렇게 고민하다가 첫 번째로 삼았던 목표는 보육교사가 되는 것이었습니다. 이에 따라 내 아이도 키우면서 보육이라는 전문적인 일도 할 수 있으려면 우선 자격 취득이 필요했으며, 저는 도전했습니다. 막상 본업이 있는 상태에서 시작하려니 실습시간을 채우기도 쉽지 않았습니다. 현재 받는 월급과 들어보기만 했던 보육교사의 처우를 나란히 놓고 비교해 보니 '감성적으로 접근했구나'라는 생각이 들면서 환상이 확 깨졌습니다. 편하게 표현하자면, 내 아이 키우겠다고 일터로 나갔다가 남의 자식 뒤치다꺼리 하겠다는 생각이 들었습니다.

두 번째 시도했던 것은 간호학과에 편입하는 것이었습니다. 같은 지역대학교 간호학과 편입은 생각보다 쉽게 진행되었습니다. 합격통보와 함께 입학금과 등록금을 내야 하는 시점이 되니 이성에 불이 들어오면서 현실 점검이 시작되었습니다. 지금 다니는 회사를 계속 다니는 것과 회사를 그만두고 2년간의 등록금을 투자해서 간호사로 졸업한 뒤, 임상시험기관 연구간호사로 일하는 삶이 정말 원하는 삶일까? 이것이 과연 시간과 물질로부터 자유로운 삶일까? 스스로 몰아붙이며 물었더니 '아니야'라는 결론을 낼 수 있었습니다. 비록 모든 시도에서 헛돈을 낭비했다고 생각할 수 있는데, 안 가 본 길에 대해 계속 미련을 두고 있느니 시도를 통해 진짜 원하는 것을 알아갈 수 있는 과정이라고 편하게 마음먹으니, 죄책감도 줄어들고 후회나 미련이 남지 않았습니다.

세 번째 도전은 피부미용 국가 자격을 취득하는 것이었습니다. 자격 취득 이후 취업하여 경험을 축적하고 운영 노하우를 배운 뒤 뷰티숍을 직접 운영하면 다 잘될 것 같았습니다. 여성들의 영원한 욕망 '아름다움'에 대한 수요를 트렌드에 맞게 계속 제공하면서, 평생직업을 가질 수 있을 것 같아 도전하게 되었습니다. 퇴근 후, 미용학원 야간 수업을 들어가며 필기와 실기를 준비하고 자격을 취득하게 되었습니다. 배우는 과정도 재미있었고, 명절이면 가족들이 둘러앉아 이야기꽃을 피우는 자리에서 돌아가며 가족들의 얼굴, 팔다리를 마사지해주면서 즐거움을 줄 수 있다는 것이 좋았습니다. 하지만 그 즐거움은 단 몇 개월만 지속되었습니다.

네 번째 도전은 저의 아이들이 커갈수록 엄마표 홈스쿨로 아이들의 놀이시간을 교육적인 시간으로 만들어 주고 싶은 마음에 여러 가지 학습지도사 자격을 취득하는 것이었습니다. 해당 자격 취득은 인터넷 수강이 가능해서 도전 장벽이 낮다는 점이 회사에 다니던 저에 겐 더욱 매력적이었습니다. 독서지도사, 가베지도사, 수학가베지도 사, 아동미술심리치료사 등 12개월 수강권을 신청해서 12개까지 원 하는 것을 골라 듣고 인증절차를 따르면, 자격 취득까지 가능한 코 스를 선택했습니다. 자격 취득으로 제가 얻은 것은 과정 진행 중 실 습사진을 제출해야 할 때 아이들과 실습해봤다는 것을 증명할 수 있 는 점과 아이들과 함께할 수 있는 다양한 학습놀이에 대한 레퍼토리 가 풍성해졌다는 것입니다. 하지만 이론만 풍성해졌지 정작 실습하 지 않고 써먹질 않으니 성취감과 만족도는 떨어지기 시작했습니다.

다섯 번째 도전은 셋째 딸을 출산하고 힘겹게 얻어 낸 1년의 육아 휴직 기간, 배우게 된 정리수납전문가 과정이었습니다. 2급 과정을 듣는 것을 시작으로 1급 과정과 강사과정까지 마치고 난 뒤, 실전 강 의를 시작하는 것으로 인생의 터닝포인트가 되었습니다.

저는 강사라는 직업을 생각해 본 적이 전혀 없었습니다. 평생 회 사원 내지 내 사업을 하는 것 정도만 생각했었는데 고정관념의 틀이 깨지는 순간이었습니다. 셋째 딸이 태어나 식구가 더 늘어 내 집 한 번 깔끔하게 정리해서 살아보고자 들었던 정리수납 2급 과정이 내 인생의 방향을 바꿔줄지 그때는 전혀 몰랐습니다. 3시간씩 5주에 걸 쳐 수업을 들었고 앞자리에 앉아 적극적인 자세를 보인 터라 반장 을 뽑자는 강사님 말씀에 5주간 열심히 봉사하겠다는 인사말과 함 께 반장으로 선출되어 빼도 박도 못하게 열심 수강생이 되어야 했습니다. 집에서도 매주 집안 살림을 비어내고 물건들의 질서를 잡아주었습니다. 그동안 일하랴 아이들을 하루하루 먹이고, 입히고, 씻기고, 재우면서 늘 뒷전이었던 살림에 재미가 붙기 시작했습니다. 1급 과정을 진행할 때는 우리 조원들의 현장 실습장소로 우리 집이 지정되었습니다. 이로 인해 10여 명의 전문가 손길로 집 전체 물건들이 꺼내진 뒤 분류된 덕분에, 필요 없는 물건은 비우고 사용 빈도에 맞게 필요한 물건들이 각기 제자리를 찾아 채워지는 기적 같은 일이 벌어졌습니다.

정리한 것은 물건들인데 물건들을 정리하는 것으로 인해 내 삶의 가치관을 다시 정립할 수 있게 되었습니다. 불필요한 물건에 짓눌렸던 삶에서 차츰 해방되니 무엇이 소중한지 현재에 집중할 수 있게 되었습니다. 그리고 주변 이웃들에게 이 좋은 변화를 나누고 싶어졌습니다. 재능 기부로 시작한 나눔의 기회가 워킹맘을 위한 스피드 살림법 등의 강의 형태로 혹은 정리수납컨설팅 봉사와 코칭으로 이어졌고, 나눔의 삶을 통해 더해지는 풍성함을 느낄 수 있었습니다. 공간의 정리는 제가 무엇을 좋아하고 어떤 삶을 살고 싶은지 알게 해준 값진 도전이었습니다.

내가 원하는 것을 하기 위해 몸으로 실행해 보면서 진짜 나다운 것, 지금 현재에 충실하게 살 수 있게 해주는 것이 무엇인지 깨달을 수 있었던, 결국 답을 찾기 위한 도전들이었습니다. 항상 생각으로

만 그치고 시간이 될 때 좀 더 여유 있을 때 해야지 하고 미루었더라면 변화는 절대 일어나지 않았을 것입니다. 또 색다른 기회의 문도 열리지 않았을 것으로 생각합니다. 도전하고, 부딪혀보고, 노력해보는 것을 주저하지 마세요. 이것은 응원을 받아 마땅한 일입니다. 저역시 날마다 계속되는 기회의 문들을 감사하게 생각하며 미지의 문을 호기심 어린 마음으로 열어나가고 있습니다. 실패하지 않을 확률은 단 하나로써 즉, 시작 자체를 하지 않는 것입니다. 단 성공할 확률은 0%이겠지요. 현상유지가 내가 정말 원하는 삶인지 되물어 볼 필요가 있습니다. 죽음을 직면한 순간, 후회 없는 삶이었노라 말할 수 있으려면 말입니다.

5.
성공의 씨앗

정리수납 강사과정을 수료한 뒤, 이웃 사촌이자 저의 꿈 동무인 혜정이를 만났습니다. 혜정이는 동갑내기 친구이자 우리 아이들과 비슷한 또래의 연년생 아들을 키우는 멋진 워킹맘입니다. Daum 카페《짠돌이》라는 카페에서 '연년생워킹맘'이라는 아이디로 활동하고 있던 그녀의 게시글을 보고 "우와, 비슷한 또래 같은데 대단하다"가 혜정이를 온라인으로 만난 첫인상이었습니다. 살림 고수의 아우라가 느껴졌고, 아이들 육아에 대한 교육관도 비슷했으며, 무엇보다 글을 통해 느껴지는 그녀의 긍정에너지가 너무 보기 좋았습니다. 그녀의 신규 게시글에 대한 알람기능까지 지정해가며 게시글을 챙겨보곤 했습니다.

하루는 게시글 속에 있는 사진이 눈에 익은 배경이라 자세히 보니 길 건너였고, 혜정이가 바로 옆 단지에 산다는 것을 알게 되었습니다. 어찌나 반갑던지 댓글로 옆 단지에 살고 있고 나이도 동갑이라고 언급하며, 친하게 지내자고 들이댔습니다. 서로의 연락처를 주고받고 온라인에서 더욱 친분을 쌓아가던 중, 용기를 내어 집으로 초대해 그동안 지켜보며 가졌던 좋은 느낌을 이야기해주었고, 진심으로 다가갈 수 있었습니다. 이야기를 나누다 보니 혜정이는 재테크에 관심이 많았고, 지역 정보도 빠삭하게 꿰차고 있었으며, 아이들과 함께 체험 위주 활동을 선호하는 등 우린 비슷한 점이 많아서 금방 친해졌습니다. 점차 우리는 시골에서 올라온 먹거리도 나누고 서로의 고민도 터놓고 나누는 사이로 발전하게 되었습니다.

혜정이는 방과 후 탁구 지도를 하는 프리랜서 강사로 일하고 있었고 노인복지관, 장애인복지센터에서도 탁구 강습을 진행하고 있어 다양한 기관의 교육담당자분들을 알고 있었습니다. 탁구협회 총무로 봉사하고 있던 터라 생활체육인 인맥도 어마어마했습니다. 정리수납 강사를 수료한 뒤 첫 강의 또한 혜정이의 도움을 받아 사단법인 〈울림〉이라는 기관에서 진행할 수 있었습니다.

장애인복지센터 자활프로그램으로 4주간 소그룹 강의를 진행했었는데, 이때도 혜정이의 소개 덕분에 관계자분과 인연이 되어 진행할 수 있었습니다. 재능기부 강의로 1주일에 한 번씩 성인 장애인 친구들과 만날 수 있었습니다. 꽃꽂이를 배울 때 요양원 원예봉사활동을 해본 것이 전부였던 저는 솔직히 "하겠다"고 말은 했지만, 시간이 다가올수록 '못하겠다'라고 이야기할까? '정리수납 강사과정 동기 선생님들께 도움을 구해 볼까?'하는 생각도 했습니다.

갈팡질팡하다가 결국 장애인복지센터 친구들과 첫 번째 만남의 자리를 갖게 되었습니다. 간단한 자기소개와 정리활동 전에 간단한 몸풀기 체조 시간을 가졌습니다. 그다음 정리의 기본인 끼리끼리 분류하는 활동을 진행했었습니다. 학용품끼리, 옷끼리, 놀잇감끼리 이렇게 물건의 속성을 파악해서 분류하는 것부터 정리의 개념을 도입해 보았습니다. 다행히 집에서 딸들과 함께 정리하며 불렀던 노래가 재미를 더해주고 친구들을 더욱 집중할 수 있게끔 도와줬습니다. "모두 제자리, 모두 제자리, 모두 모두 제자리~ 랄랄랄라~"이 노래를 반복하면서 분류하는 게임을 진행하니 분류하는 것이 어렵게 느껴지지 않았습니다.

한주, 그리고 또 한주 친구들과 함께 체조하고 각자 사물함 정리하는 방법도 배우고, 핸드크림으로 손 마사지도 하고, 페트병 재활용품을 이용한 화분 만들기를 진행하면서, 친구들과 또 자원봉사 나오신 시니어 봉사단분들과 함께 동심으로 돌아가 다 같이 즐겁게 활동할 수 있었습니다. 그렇게 강의가 끝나고 바쁜 일상으로 돌아와 잊고 있었는데, 오랜만에 만난 혜정이가 장애인복지센터 들러서 받아왔다며 편지 뭉치와 캔들을 전해줬습니다.

카드 한 장 한 장 친구들이 꾹꾹 눌러 써가며 마음을 담아 보낸 편지를 읽고 있는데, 눈이 시큰해지면서 가슴에서부터 쩡한 감동이 퍼져나가는 것을 느낄 수 있었습니다. 육아휴직 후, 바로 복직하고 다

람쥐 쳇바퀴 도는 일상을 살아가다 보니, 1년간의 육아휴직 시간이 '일장춘몽' 같다고 생각날 때가 많았습니다.

카드를 읽는 동안 다시 꿈같았던 자유의 몸으로 색다른 삶에 대한 꿈을 꾸었던 그때로 돌아가는 것 같았습니다. 또 '내가 그 친구들에게 해 준 것보다 이렇게 더 큰 사랑을 받을 자격이 되는 것인가?' 숙연해지기도 했습니다. 손수 만든 캔들을 회사 책상 한 쪽에 두고 익살스러운 표정의 스티커가 붙어있는 그 캔들을 힘들 때마다 들여다보며 '정리선생님 서성미' 마인드로 정신을 차리곤 했습니다.

강사이자 누군가의 선생님 역할을 한다는 것이 내 삶의 큰 의미로 다가올지 몰랐습니다. 그런데 아주 작은 발걸음을 한 걸음 옮겨 디뎠던 것이 그게 씨앗이 되어 조금씩 싹이 트고 뿌리가 깊어지고 열매도 맺혀진다는 것을 요즘 느끼고 있습니다.

눈에 보이는 정리에 이어서 눈에 보이지 않지만 소중한 시간, 목표, 꿈, 정보 등을 어떻게 잘 정리할 수 있을까 고민하기 시작했습니다. 검색도 해보고 관련된 책도 찾아보던 중 3P자기경영연구소 강규형 대표의 저서 《성과를 지배하는 바인더의 힘》을 읽게 되었습니다. 홈페이지를 검색해서 가장 이른 시일에 개설되는 강의를 신청하고 두근두근 손꼽아 그날을 기다렸습니다.

자기경영 셀프리더십 과정은 토요일 8시간 진행되는 강의였습니다. 주말에 엄마를 독차지할 수 있다고 학수고대하는 세 아이를 남편과 시어머님께 맡기고, 서울까지 저자를 직접 만나 노하우를 배운다는 생각에 육아를 등한시한다는 죄책감을 내려놓고 오로지 강의들을 생각만 하며, 8시간 강의에 집중할 수 있었습니다.

그날은 8시간 강의가 시작하기 전, 독서포럼 〈나비〉라는 단체에서 《생각의 비밀》이라는 책의 저자인 김승호 회장님을 모시고 새벽부터 저자특강이 진행되었습니다. 강규형 대표께서는 아직 저자특강의 흥분이 가시지 않은 목소리로 강의 시작과 함께 조금 전에 있었던 저자 특강에 대한 이야기를 들려주셨습니다. '그때 스치듯 지나갔던 그 분이 김승호 회장님이셨구나.' 뒤늦게 《생각의 비밀》을 읽은 저는 정말 대단하신 분이구나 생각했습니다. 내친 김에 《김밥파는 CEO》까지 읽은 저는, '그날 조금 더 일찍 서둘러 저자특강까지 들었으면 좋았을 것' 하는 후회도 들었지만, 이미 지나간 것을 후회하지 말고 다시 만날 기회를 어떻게 만들 수 있을까 고민하고 시도하는 편이 정신건강에 더 좋을 것 같았습니다. 그리고 그 기회는 생각보다 빨리 찾아왔습니다. 노력하는 자에게 결실을 맺게 해주는 자연의 법칙이 삶에도 고스란히 적용된다 생각됩니다.

그렇게 8시간 동안의 셀프리더십에 대한 워크숍이 끝났고, 생각지도 못한 뒤풀이가 진행된다고 해서 갈등과 고민 끝에, 직접 대면하고 대화할 기회를 쟁취하는 쪽으로 선택했습니다. 늦은 시간까지 남아 있었던 몇몇 분들과 함께 치킨과 피자를 먹으면서 강규형 대표님과 Q&A 시간도 가질 수 있었습니다. 이 강의를 신청하게 된 이유와 하는 일에서 어떻게 적용해 나갈 것인지에 대한 포부를 나눴습니다. 귀한 만남 이후 3P바인더는 저의 둘도 없는 친구이자 저의 외장 하드 겸 비서가 되었습니다. 눈에 보이는 정리뿐 아니라 시간관리, 목표관리, 독서경영 등 한 단계 성장하는 밑거름이 되어준 귀한 보물을 만나게 된 사건이었습니다. 기본과정에 이어 코치과정 강사과정인 마스터 코치과정까지 수료하면서 저의 꿈에 대해 내 사명에 대해 명확하게 그려나갈 수 있었습니다.

앞서 다양한 도전과 포기, 실패, 좌절을 경험하면서 낙담하고, 실망하고, 자신감을 잃고, 자존감은 바닥을 드러냈지만, 그 감정에만 머무르고 있었다면 지금의 저는 없었을 것입니다. 그때마다 '네가 진짜 좋아하는 건 다른 것일 수도 있어, 다른 일에서는 재능을 발견할 수도 있고 흥미를 느낄 수도 있을 거야. 또 해 보지 뭐' 하고 자신을 응원해 줄 수 있었음이 감사하며 참 다행이라고 생각합니다.

지금 돌이켜 생각해보면 실패하고 포기했던 일들 또한 시련을 딛고 일어서는 과정을 통해 성장의 발판이 되어주었음을, 이제는 자신 있게 말할 수 있습니다. 내가 가지고 있지 않은 것을 생각하며 조건이 들어 맞을 때까지 기다릴 것이 아니라, 내가 가지고 있는 것으로 지금 여기서 할 수 있는 것을 하는 것이, 성공의 씨앗을 심는 자세라고 생각합니다.

여러분들께서 오늘 어떤 씨앗을 심으실 건가요?

6.
내 인생의 안전장치

자동차에는 생명줄인 안전띠가 있고, 익스트림 스포츠 장비들을 봐도 안전장치가 있습니다. 롤러코스터요? 마찬가지로 두말할 필요가 없습니다.

몇 년 전 주말 예능프로그램이었던 〈남자의 자격〉이라는 프로그램의 출연자인 김국진 씨가 대학 강단에서 강연한 적이 있었습니다. 힘들 때마다 일부러 찾아서 그 영상만 따로 볼 만큼 강연 내용이 감동적이었습니다. 김국진 씨의 유명세는 제가 학창시절 때 산증인으로 체험한 터라 잘 알고 있지요. 그리고 뭘 해도 안 풀리던 시기도 간간이 TV 프로그램에서 소식을 접할 수 있었습니다. 당사자가 아니므로 얼마나 힘들었는지 가늠만 할 수 있었지, 흔한 연예인 가십거리로 넘겼습니다.

강연장에서 담담히 본인이 걸어온 삶에 관해 이야기하는데, 그의 삶은 마치 롤러코스터 같은 인생사가 고스란히 느껴질 만큼 거침없고 숨 가쁘게 오르고 내렸던 인생이었습니다. 그는 자신의 삶을 되돌아보며, 아무리 굴곡진 롤러코스터 같은 인생살이라도 안전장치가 있었다고 이야기합니다. 그 안전장치라는 것은 왜 살아야 하는지에 대한 소명이 될 수도 있고, 가족이나 친구 같은 버팀목이 될 수도 있습니다. 김국진 씨는 지금 이 자리에 자신을 있게 만든 안전장치처럼, 우리 각자의 삶의 안전장치를 잊지 말고 살라는 메시지를 던져주었고, 대학생들의 심금을 울리며 우레와 같은 박수를 받으며 끝이 났습니다.

저는 자기경영에 대한 강의와 코칭을 진행하면서, '나를 알아가기 워크숍'의 하나로 성격유형테스트도 진행하고, 인생 곡선을 그려보는 실습도 진행하고 있습니다. 교회 중고등부 선생님으로 봉사하면서, 중고등부 친구들과 인생 곡선을 그려보는 시간을 가진 적도 있습니다. 초등학교를 갓 졸업한 중1 친구들도 짧은 13년 인생살이 중에 성과를 내서 보람차고 뿌듯했던 순간과 낙심하고 좌절한 고난의 순간을 곧잘 뽑아내는 것을 보고 대견하다 생각했습니다.

자신의 인생에 큰 영향을 준 여러 가지 사건들을 돌아보면, 기뻤던 순간에서는 '내가 이런 것을 좋아하고 소질이 있었는데 잊고 지냈구나' 하고 생각을 할 수 있습니다. 반면 힘들었던 시기를 되짚어보면서 '맞아, 이때 정말 죽고 싶을 만큼 힘들었는데, 극복해서 이렇게 대견하게도 잘살고 있구나'라고 생각할 수도 있습니다. 이렇게 그려본 인생 곡선을 친구들 앞에서 혹은 소규모 모둠 조에서 발표를 하고 나면, 서로의 속 깊은 이야기를 나누었기 때문에 친밀감이 급상승하게 되고 '나만 이렇게 힘들었던 게 아니었구나! 저마다 고통 속에서 성장하며 지금의 모습이 되었구나' 하고 인생을 받아들이는 그릇이 넓어지는 것을 느낄 수 있습니다.

제가 운영하는 독서모임 〈목적이 있는 책 읽기 모임〉에서도 회원님들과 인생 곡선을 그리고 발표하는 시간을 가졌는데, 그 시간 뒤로 더 끈끈해진 전우애를 느낄 수 있었습니다. 다들 영화 몇 편 찍어야 할 만큼 굴곡 많은 스토리들을 가지고 계셨습니다. 이를 보면 알 수 없는 인생이라 더 흥미진진한 것일 수도 있겠다는 생각이 듭니다.

성경 말씀 전도서 7장 14절에 이런 말씀이 있습니다.

"형통한 날에는 기뻐하고, 곤고한 날에는 되돌아보아라. 이 두 가지를 하나님이 병행하게 하사, 사람이 그의 장래 일을 능히 헤아려 알지 못하게 하셨느니라."

자기경영에 대한 교육을 받고, 과정을 수료하고, 책을 읽고, 성과를 내면서 저도 모르게 목표가 명확해졌고, 계속해서 실행해 나간다면 못해 낼 일이 없을 것 같았습니다. 이제 '나에게 남은 것은 성공뿐이구나' 하는 교만한 생각도 했습니다.

오늘 당장 어떤 일이 예상치 못하게 일어날지, 한 치 앞도 알 수 없는 인생인 것을 생각하니, 미래를 예측할 수 없으므로 매 순간 최선을 다하고 겸손하게, '지금의 모습도 그저 그렇게 이루어진 것이 아님에 감사하며 살아야 하는구나'라는 것을 깨닫게 되었습니다.

우리 인생의 안전장치는 가족이 될 수도 있고, 친구나 스승님, 혹은 내가 살아야 하는 이유가 될 수도 있습니다. 과거 내가 살아온 발자취를 거슬러 가보면 내 인생의 안전장치가 무엇이었는지 알 수 있을 것입니다.

저의 자존심은 저를 다시 일어서게 하는 힘이 되어주었고, 항상 제 편이 되어주는 부모님과 친구들, 그리고 우리 가족, 마지막으로 왜 살아야 하는지에 대한 저의 소명이, 위기의 순간에 안전장치로 작동하며 제 삶을 붙잡아 주었다는 것을 이제야 깨달았습니다. 그리고 이 모든 일을 허락해 주신 하나님 또한 제가 다시 일어설 힘이 되어주었습니다.

저는 앞으로 만나게 될 많은 분과 또 책 속에서 만나게 되는 많은 스승님의 삶을 통해서 얻게 되는 통찰과 자혜를 가지고, 안전장치를 보강하며 살아가려고 합니다. 여러분들도 삶의 곳곳에 안전장치들을 많이 장착해 놓으시길 바랍니다.

7.
온전한 나를 찾아 떠나는 여행

매주 금요일 4시 30분, 이 시간은 저의 일터인 중앙연구소 제제 개발팀 실험실의 대청소 시간입니다. 공간은 넓어도 인원수가 많다보니 바닥 청소기 돌리고, 밀대로 닦고, 쓰레기통을 비우고, 테이블 닦는 것까지 모두 30분 안에 완료가 됩니다.

5시 이후부터 연구원들은 각자 주간보고 작성도 하고, 실험을 마무리 짓고 실험노트도 정리하고, 다소 자유롭게 한 주를 마무리하는 시간을 갖곤 합니다. 저는 그 시간을 제일 좋아합니다.

하루는 여느 때와 같이 대청소를 끝내고, 회사에서 만나 친해진 단짝 동갑내기 동료와 그동안 나누지 못한 서로의 밀린 일상을 나누기 위해, 연구소 소회의실에서 만났습니다.

저는 당장 내일부터 시작되는 안산시평생학습관 주관 정리수납 자격증반 강사로 강의를 시작하게 된 소식을 전해주고 싶었습니다.

또한, 몇 주 전부터 시작된 헬스장 등록과 함께 개인 PT를 시작했다는 소식, 책을 쓰기 위해 매일 100번 목표 쓰기를 하고 하루 1단락 글쓰기 습관을 들이고 있다는 이야기, 참여형 자기계발 커뮤니티 〈체인지-UP〉 활동 이야기, 액션캠 고프로의 짝퉁인 일명 '짭프로'를 샀다는 이야기와 실물 카메라도 보여주려고 챙겨 갔습니다.

요즘 제가 제일 집중해서 빠져 있는 일들이기에 신나게 생생하게 전달하고 싶었고, 동료의 응원과 함께 "멋지다. 대단하다"라는 칭찬이 듣고 싶었던 것입니다. 그러나 굳이 이야기하지 않아도 저의 SNS 계정을 통해 다 봤고, 알고 있던 터라 이런 긴 설명은 필요도 없었던 것이었습니다. 서두를 꺼내려고 하는데 동료가 "인스타그램에서 봤어"라고 말하니, 부연 설명할 의욕이 팍 꺾이면서 김이 새버렸습니다.

덧붙여 제가 기대했던 대답과 달리 동료는 걱정과 우려의 목소리로, 곧 퇴사할 사람처럼 새로운 일에만 몰입하지 말고 다른 일을 벌이고 있다는 것을 연기해서라도 감추라고 말했습니다. 또한 본업에 더 충실하라는 조언과 더불어, 본업과 병행하면서 퇴사 후에 진짜 하고 싶은 일을 천천히 준비하는 것이 좋겠다는 현실적인 조언을 해주었습니다. 저도 늘 신경 쓰이고 고민이 되던 부분이라 아무 방어도 못 하고 급소를 찔려버린 것 같아 제 생각을 정리해서 이야기 나누지 못하고, 퇴근 시간이 다가와 "고민해 볼게"라고 대답하고 그 자리를 떠났습니다.

퇴근해서 서울로 동영상편집 프로그램 사용방법에 대한 교육을 받으러 가는 길에 곰곰이 나눴던 이야기들을 되짚어 봤습니다. 분명히 10년 가까이 오랜 시간을 함께했기에 서로의 성향, 가치관, 궁극적으로 추구하는 삶의 모습을 아는 터라, 저를 아끼고 걱정하는 마음에 해준 진심 어린 조언이라는 것은 충분히 아는데, 서운하고 섭섭한 마음이 쉽게 가시질 않았습니다.

이런 감정은 육아휴직 중에도 느낀 적이 있었습니다. 서울로 운전해 가는 차 안에서 불현듯 그때 일이 떠올랐습니다. 직장생활 10년 만에 셋째 아이를 출산하고, 출산휴가 90일에 이어 육아휴직 12개월까지 총 15개월을 쉴 수 있었습니다. 저에겐 휴직이라는 수식어가 늘 따르던 시기였지만, 젖먹이를 돌보고 손이 한참 가는 두 언니를 보살피면서 살림까지 하는 휴직은, 쉬어도 쉬는 것이 아니었습니다.

남편 출근 시키고 첫째 딸의 유치원 가방, 둘째 딸의 어린이집 가방을 챙기고 준비물들까지 바리바리 싸서, 요일마다 체육복인지, 평상복인지 신경 써가며 챙겨 입히고, 아침까지 챙겨 먹여서 등원시켜 놓고 돌아서면 밀린 설거지와 산더미 같은 빨래가 기다리고 있습니다. 일단 허기진 제 배부터 채워 놓고 막내 아이를 모유 수유한 뒤, 본격적으로 집안 정리에 들어갑니다. 빨랫감부터 세탁기에 넣어 작동시키고, 세탁기를 돌리는 동안 설거지하고, 바닥 청소기도 돌리고, 물걸레 청소 포까지 이용해서 집안 곳곳을 싹 닦습니다. 그럼 이제 빨래건조대에 있던 옷가지들 개키고 제자리에 갖다 놓으면 달콤한 믹스커피가 절로 마시고 싶어집니다. 그제야 오전 힐링타임을 달콤하게 누릴 수 있습니다.

육아휴직 초기에는 몸조리하며 휴식을 취하는 일이 중요했기에 육아와 간단한 살림 챙기기, 가끔 콧바람 쐬는 교회예배, 비슷한 연령대의 아기엄마들로 묶인 소그룹 셀예배 만으로도 한주가 벅찼고 하루하루가 금방 지나갔었습니다. 시간이 지나니 요령도 생기고 익숙해져, 휴직 때 정말 하고 싶었던 일들을 하나씩 해야겠다고 생각했습니다.

먼저 5식구 사는 집안 정리를 효율적으로 하는 방법을 배우는 것부터 시작했습니다. 세 자녀 이상 다자녀가구라 여성인력개발원에서 무료로 수납전문가 2급 과정을 배울 수 있었습니다. 정리 매뉴얼대로 기준과 원칙을 지키며 정리수납을 하니, 교재에서 봤던 사진들처럼 우리 집의 이불장과 옷장도, 주방이며 냉장고까지 변해가기 시작했습니다.

정리수납 다음으로 근로자복지관에서 독서지도사 과정을 무료로 수강했고, 자격증을 취득할 수 있었습니다. 아이들 육아에 도움이 되고자 배우려 했던 것인데, 책이 나에게 주는 의미에 대해 생각해보게 되었습니다. 책 속 이야기와 내 삶을 투영시켜 보며 잊고 있었던 과거를 떠올릴 수 있었고, 그때의 감정과 사건을 있는 그대로 마주할 수 있는 용기가 생겼습니다. 이처럼 내 삶을 되돌아보는 시간을 통해, 아이들을 위해 배우려 했던 수업이 오히려 저에게 내면

치유의 시간이 되었던 것입니다. 이때 책이 할 수 있는 색다른 기능을 알게 되었습니다.

다음으로 여성비전센터에서 다자녀 혜택으로 실내원예, 플라워 수업을 한 학기 동안 들었습니다. 알게 모르게 산후우울증이 와서 꽃으로 치유하고 싶었고, 매번 학구적인 것만 배워서 예술적인 배움도 필요하겠다 싶은 생각에 배우게 되었습니다. 내심 플로리스트를 동경하던 로망도 있었던 터라. 1주일에 한 번씩 받는 교육이지만, 여러 가지 배움 속에서 일상의 변화가 생기니 삶의 활력도 더해지고 나눌 수 있는 것도 풍성해져 하루하루가 힘이 나고 행복했습니다.

매주 금요일에는 셀예배가 있는 날입니다. 오전에 예배를 드리고 맛있는 점심도 같이하고 티타임까지 가지면서 즐거운 교제로 한나절이 훌쩍 지나가곤 했습니다. 그리고 한 주 중에 제가 제일 좋아하는 시간이기도 했습니다. 가족보다 더 진하게 서로 좋은 일, 궂은 일, 힘든 일 함께 들어주고, 고민해주고, 힘이 되어주고, 기도해주고, 셀원들은 힘든 시기에 힘이 되어준 가족 같은 분들이었습니다.

한주 어떻게 보냈는지 이야기를 나누는데, 요즘 배우는 것들이 조금씩 늘어나고 있어서 바빠 보낸다고 이야기를 꺼냈습니다. 나머지 셀원분들께서 애 셋 보기도 힘든데 너무 무리하지 말라고 걱정 어린 조언을 해주시는데, 분명 절 아껴주시고 걱정해주시는 마음이라는 걸 알면서도 저의 저다운 모습이 거부당하는 그런 느낌으로 다가와 속상하고 서운해서 눈물을 보였던 적이 있습니다.

지난날, 퇴근 직전 친구이자 직장 동료인 그와 이야기 나누는 가운데 느꼈던 바로 그 느낌이었던 것입니다.

우린 누군가에게 너답지 않다고 조언을 하게 될 때가 종종 있습니다. 저 역시 진심 어린 마음에 조언할 때가 있지만, 그게 정말 그 이야기를 듣는 사람에게 도움이 되는 이야기일까? 고민을 해봐야 할 부분인 것 같습니다.

나답게 산다는 것이 어떤 의미일까? 고민해 보신 적 있으신가요? 한참 해야 할 시기에 우리는 내가 아닌 다른 사람들의 목소리에 너무 귀를 기울이고 영향을 받고 살아왔다고 생각합니다. 학생 때는 부모님과 선생님들의 이야기에, 성인이 되어서는 사회가 만들어 놓은 평균적인 삶이라는 가이드라인에 귀를 기울였습니다. 나의 내면의 소리를 믿고 따라가기엔 불확실성이 너무 크고, 길을 만들어 개척해 간다는 것은 엄두도 못 낼 만큼 어려운 일이라 도전하지 않았고, 안정적인 삶을 추구하는 주변분들의 조언들이 있었기 때문입니다.

이제는 나의 내면의 소리에 귀를 기울이며 살아가려고 합니다. "천릿길도 한 걸음부터"라는 속담이 있듯이 첫 한 걸음부터 그 순간에 집중하고 최선을 다하고 몰입한다면, 먼 미래의 결과로 나답다 평가하는 것이 아니라, 그 과정에서 최선을 다해 즐기는 나다움을 발견할 수 있다고 생각합니다. 육아휴직 기간에 배움의 과정을 즐긴 온전한 서성미가 있었기에 삶의 풍성한 의미를 알고 나누며 사는 지금의 제가 있다고 생각합니다.

세상의 기준, 사랑하는 가족, 친구, 이웃들의 염려는 감사한 마음으로 받아들이며 이들의 이야기만큼이나 소중한 나의 내면의 소리에 더 귀를 기울여 주는 것입니다. 그러면서 하고 싶은 일들을 가치 있고, 값어치 있게 하면서 사는 것은 어떨까요?

PART 2

건강한 삶

체인지-UP이라는 명칭에서 체體를 제일 앞에 둔 이유도 건강한 신체에 건강한 정신이 깃든다는 것을 의도하기 위함이었습니다.

재산을 잃으면 조금 잃는 것이고, 명예를 잃으면 많이 잃은 것이요, 건강을 잃으면 전부를 잃는 것이다라는 말도 있지 않습니까. 바쁜 일상 가운데에서도 분명 행동 하나하나에 선택과 통제권은 나에게 있다는 거 명심하시고 가장 중요한 건강을 잃지 않도록 건강할 때 잘 지켜나가야 할 것입니다.

1.
내 인생은 안녕한가?

하루에도 몇 번씩 "안녕하세요?"라는 인사를 건네게 됩니다. '안녕'이라는 단어의 사전적 의미를 살펴보면 '아무 탈이나 걱정이 없이 편안함', '친한 사이에서 서로 만나거나 헤어질 때 인사로 하는 말'이라고 나와 있습니다. 이렇게 인사로 많이 사용되는 안녕이라는 단어를 내 삶의 상태를 점검하는 잣대로 사용해 보았습니다. 저는 무탈, 걱정, 편안함이라는 결과물을 얻기까지 극복해야 할 부정적 요소 남 탓, 사회 탓, 환경 탓만 생각한다면, 죽을 때까지 안녕하긴 힘들 수 있겠다는 판단이 들었습니다.

또한, 내가 생각하고 믿는 대로 말을 하고 행동에 옮긴다 생각하니, 말이든 행동이든 내뱉고 행동하기 이전에 이뤄지는 생각의 단계부터 잘 통제해야겠다는 생각이 들었습니다.

어떻게 생각을 통제할 것인지에 대한 고민 끝에 내린 결론은 기분 좋은 일이 있을 땐 마음껏 기쁨을 표출하지만 겸손할 수 있어야 겠고, 내 마음같이 일이 풀리지 않고 힘들다 느껴질 땐 좌절하고 우울해 하는 것이 아니라, 이를 계기로 더 단단히 다져나가자 마음을 고쳐먹기로 했습니다. 생각이 감정적으로 치우치는 상태에 브레이크 걸어주는 방법으로 활용하고 있는 것이 감정일기입니다. 이성적으로 또는 객관적으로 제 마음 상태를 들여다보기 위해 있는 그대로의 감정을 더 정확하고 구체적으로 묘사할 수 있는 글로 써봅니다. '기분 나쁘다'라는 감정도 뜯어보면 '수치심을 느꼈다', '불안하다', '당혹스럽다' 등 세밀하게 나눌 수 있습니다. 그런 후 '아~ 지금 내가 이런 감정을 느끼고 있구나'라고 있는 그대로 받아들입니다. 예전에는 억지로 감사거리를 짜내 보기도 하고 감정을 부인하기도 했습니다. 감정적으로 치우치게 되면 이성적으로 논리적으로 접근하는 것이 힘들 수 있으니, 잠시 브레이크 타임을 갖고 평정심을 되찾았을 때 다시 해결에 초점을 두고 생각해야 합니다.

요즘 하루를 마무리할 때면 온종일 괴롭혔던 문젯거리를 끌어안고 잠드는 것이 아니라, 감사일기로 마무리하고 있습니다. 하루 한 편 글쓰기를 통해서도 복잡한 마음과 생각을 정리하는 데 도움을 받고 있습니다. 제가 사용하고 있는 시스템 다이어리인 3P바인더의 주간계획표 타임테이블 하단에는 Thanks 칸이 마련되어 있습니다. 이 칸을 활용하면 오늘 하루를 피드백하면서 자연스럽게 하루 중 감사한 일을 적으며 마무리할 수 있습니다.

우리는 무상무념으로 얼마나 버틸 수 있을까요? 아무런 생각도 안 하고 마음이 비어있는 상태는 현대인들에게는 사치인 것 같다는 생각마저 듭니다. 저 또한 한시도 멍하니 있지 못합니다. 오감으로 받아들이는 정보 중 머릿속에서 하나의 상념이 떠오르면, 꼬리에 꼬리를 물고 계속해서 생각의 끝을 쫓듯 온갖 생각들이 머릿속을 헤집고 다니곤 합니다.

《화내지 않는 43가지 습관》의 저자 마스노 순묘의 《9할》이라는 책에 보면, 걱정하는 일의 90%는 일어나지 않는다고 합니다. 이 책에서는 번뇌에도 7가지의 습관이 있다고 합니다. 불안해지는 습관, 걱정하는 습관, 욕심내는 습관, 질투하는 습관, 짜증 내는 습관, 허세를 부리는 습관 그리고 인정받고 싶어하는 습관. 지금 내 걱정거리는 어떤 종류의 것인지 한번 들여다볼까요?

저는 걱정거리가 있으면 최악의 상황까지 글로 끄적여 봅니다. 그리고 통제 가능한 부분과 통제 불가능 부분으로 나눈 뒤, 내가 정면으로 돌파해 낼 수 있는 부분은 회피하지 않고, 정면으로 해결할 수 없는 부분은 사소한 것부터라도 시도해 나가려고 합니다. 저는 하나님을 믿는 기독교인입니다. 그래서 통제 불가능 부분은 내 손을 떠나보내고, 대신 하나님께 문제 해결을 놓고 도움을 구합니다. 바라는 대로 응답이 되든, 전혀 생각지도 못한 방법으로 응답이 되든, 때론 기다림이라는 방법으로 응답해 주실 때도 있습니다.

이렇게 문제의 실마리가 풀릴 수 있도록 걱정거리를 회피하면서 염려와 걱정 속에 파묻혀 있는 것이 아니라, 정면으로 받아들이고 대응하면서 걱정만 하느라 쏟는 시간과 에너지를 줄이려고 합니다. 대신 행복한 기분을 느끼게 해주는 일에 더 많이 집중하고 시간을 할애하려고 노력하고 있습니다. 이는 우리가 안녕하기 위한 최종 종착지인 평안한 상태인 나를 더 많이 만날 수 있게 되는 방법이 아닐까 싶습니다.

혼자서 계속 마인드 컨트롤을 잘하면 좋겠지만, 의도치 않게 외부 환경 또는 사람들이 나를 가만두지 않을 때가 생길 수도 있습니다. 그럴 때 함께 의지하며 마음을 나눌 수 있는 사람들이 주위에 있다면 얼마나 든든하고 좋겠습니까? 저에겐 가족, 친구, 교회식구들, 마음 터놓고 이야기할 수 있는 직장동료를 포함해, 함께 성장 성숙해 나가는 독서모임 가족들과 3P마스터코치 동기분들이 곁에 있어 힘이 됩니다.

저는 자연 발생적으로 만나 인연이 된 게 아니라, 성장과 성숙이라는 목적하에 책이라는 공통의 도구를 가지고 서로의 꿈을 응원하고 지지해주는 모임을 생각합니다. 처음엔 일단 '같은 생각을 하는 분이 분명 있을 것이다'라는 믿음이 행동으로 이어지게 했습니다. 블로그와 인스타그램으로 홍보하고 회원모집을 진행했습니다. 안면일식 없는 분들이지만, 같은 목적을 가지고 모임을 함께 시작해서, 이제는 각자의 꿈도 나누고 과거의 경험도 서로 나누며 어떻게 지금의 내가 되었는지, 책 속 저자의 이야기가 나에겐 어떤 의미인지를 함께 나누면서, 그저 여느 모임의 회원이 아니라 서로서로 진심으로 마음을 함께 나누는 사이가 되어 버렸습니다.

그리고 꿈을 향해 전진하는 길에서 만난 스승님들, 꿈 동역자들이 있어 하루하루가 참 기대되고, 희망차고, 어떤 일도 함께해 나갈 수 있을 것 같다는 용기를 얻으면서, 도전 의욕이 생기는 시간이 행복합니다. 앞으로 살아가는 동안 많은 사람을 만날 것이고 안녕하지 못할 사건·사고가 생기겠지만, 인생의 안전장치 중 하나인 귀중한 인연들이 있기에, 또 힘을 내고 다시 일어설 수 있지 않을까 생각합니다.

관계가 좋을 땐 무엇을 해도 마냥 좋지만, 인간 속성이 불완전한지라 관계가 주는 어려움이 있을 때도 있습니다. 이때는 역지사지를 생각하며 저 역시 누군가에게 어려움을 주는 사람이었을 수 있다는 것을 항상 잊지 말아야 합니다. 또한, 겸손, 또 겸손하게 타인을 존중하며 다름을 인정하는 사람이 되어야겠다는 생각합니다.

안녕을 넘어 번영에도 이바지할 수 있도록, 언제나 성장과 성숙을 도전하는 삶을 살겠노라 다짐해봅니다.

2.
건강이 최고다

제 전공은 고분자공학 중에서도 의료용 고분자 분야입니다. 대학원을 마치고 취업한 곳은 보령제약 제제 개발팀이었습니다. 지금도 재직 중이며 12년 차 선임연구원입니다. 인류건강에 공헌하며 "마음이 묻고 과학이 답하다"라는 슬로건 아래 신약과 개량 신약, 제네릭 개발을 맡아서 약물을 전달할 형태를 결정하고, 약물이 생체 내에서 효율적으로 전달될 수 있도록 제형을 설계하는 일을 하고 있습니다.

우유를 마시는 사람보다 우유를 배달하는 사람이 더 건강하다는 말이 있습니다. 정작 저는 고혈압과 고지혈증 치료 약을 한 알의 정제에 담는 복합제 개발을 맡아 연구를 진행해 나가던 중 실시했던 건강검진 결과표를 받아들고 허탈하게 웃음을 지었던 적이 있습니다. 건강검진 결과 고혈압과 고지혈증 항목에서 관리 단계의 경고를 받게 된 것입니다. 헬스케어와 관련된 업종에 종사하면서도 젊은 혈기에 제 건강관리는 늘 뒷전이었습니다. 3번의 임신, 출산, 모유 수유로 인해 급격한 호르몬의 변화와 신체 변화가 있었습니다. 임신 중 불러오는 배로 인해 어깨는 앞으로 쏠렸고, 가슴은 처지고, 배는 늘어져 있고, 허리는 굽고, 목은 거북목이 되어버렸습니다. 또 골반도 틀어져 있는 상태가 저의 모습이었습니다.

한 번쯤 들어 봄 직한 속담에 "건강과 젊음은 그 두 가지를 잃고 난 뒤에야 그 고마움을 알게 된다"라는 말이 있습니다. 즉, 나이가 들어감으로 인해 소위 나잇살이라고 하는 뱃살이 늘어가고 해마다 하는 건강검진 지표들이 경고를 보내오면서, 더는 젊다는 것 하나 믿고 건강을 뒷전으로 하면 안 되겠다는 심각성을 깨닫게 되었습니다.

지난 몇 년간 자기계발을 위해 책을 읽고 학식을 넓혀나가길 힘쓰고 아이들을 양육하는 양육자로서 인성훈련과 영성훈련은 받아왔지만, 건강에서는 따로 시간, 물질, 노력을 투자하지 않았다는 생각이 들었습니다. 자기경영지도사 강사훈련을 받았던 동기 선생님들과 식이 관리, 물 섭취, 기상과 취침, 운동에 대한 습관형성을 위해 100일 습관화 프로젝트를 진행했었습니다. 먹고, 자고, 생활하는 본능을 의지력을 사용해서 습관화 해 나가는 부분이라 쉽지 않은 도전이었지만, 당장 불편함이 없다고 터부시하기엔 중요한 일이었습니다.

식이 섭취에서 목표한 것은 밀가루와 튀김류를 절제하고 싱겁게 먹기였습니다. 그래서 식사 사진을 인증사진으로 찍어 단체 대화방에 공유함으로써, 서로서로 확인해주고 스스로 절제할 수 있도록 했습니다. 이런 저의 식이 섭취 습관 목표는 아이들과 주말 나들이를 떠나 외식 한 번으로 쉽게 무너졌습니다. 아이들이 선호하는 음식으로 주문하면 돈가스와 우동 등 죄다 면이나 튀김이었습니다. 또 하루에 10분가량 되는 간단한 스트레칭 겸 맨손체조와 전신 근력운동인 플랭크 30초 3세트 목표는, 늘 일과 중에 뒷순위로 밀리다가 결국 실천하지 못하고 잠들어 버렸습니다. 비교적 물 2ℓ 마시기와 기상 시간은 힘들지 않게 습관으로 자리를 잡았습니다.

이래서는 안 되겠다 싶어 특별한 조치로 헬스장을 등록해서 전문 트레이너 선생님께 코칭을 받으며, 거북목 교정부터 척추측만증, 골반 뒤틀림까지 뼈를 바로 세우고 바른 근육을 단련하는 방법을 배우고 있습니다.

근육이 성장하는 이야기를 들으니 우리 몸이 얼마나 신비한 존재인가? 다시금 깨닫게 됩니다. 선생님이 이야기해주시길, 한계치를 넘는 강도의 운동을 하다 보면 근섬유가 찢어지며 손상을 입게 되고, 근섬유들끼리 이런 이야기를 나눈다고 합니다. '얘가 안 하던 행동을 하네. 언제 자기 몸의 100%를 넘는 120% 힘을 발휘할지 모르니, 우리 좀 더 단단하게 결합해 있자'라고요. 이때 단백질이 공급되면 새로 들어온 단백질까지 충원해서 더 단단하게 힘을 키우며, 멋지고 튼튼한 근육을 만들어가는 것이라고 근육의 성장원리를 설명해주셨습니다.

우리는 시간이 한정된 유한한 삶을 살아가고 있으므로, 시간이 가지고 있는 속성인 제한성과 일회성, 그리고 중요한 누적성을 잘 기억하고 있어야 합니다.

《탤런트 코드》라는 책에서는 재능을 지배하는 세 가지 법칙에서 3가지 핵심을 이야기하고 있습니다.

1. 심층연습
2. 자신을 폭발시킬 점화 장치 찾기
3. 마스터코칭

건강관리라는 목적의식으로 헬스장을 등록해서 이 분야 전문가인 마스터코칭 선생님과 함께 심층연습을 진행하다 보니 좋은 결과를 얻으며 이로써 또 깨닫게 되고, 이렇게 성과를 낸 것을 바탕으로 같은 어려움을 겪고 있는 분들에게 정보와 노하우를 나눌 수 있게 되길 바라고 있습니다.

개인적으로 전문가의 코칭을 받으며 노력한 결과 헬스장에서 진행한 제1회 8주 바디챌린지 도전에서 1위에 입상하는 쾌거도 이룰 수 있었습니다. 건강을 회복하고 있는 신체의 변화뿐만 아니라 부상으로 순금 5돈 황금열쇠도 받을 수 있었습니다. 운 좋게도 비슷한 시기에 제가 공동 MC로 진행하고 있는 자기계발 팟캐스트 〈작심삼일〉에서도 저는 다이어트 도전을 진행하고 있었습니다. 이를 통해 선의의 경쟁에 점화 장치가 되었고, 전문가와 함께한 마스터코칭과 혹독한 심층연습이 가져다준 선물이었다고 생각합니다.

팟캐스트 〈작심삼일〉 회원님들과 신체개발에 해당하는 각자의 도전을 나누고 있는데, 건강뿐 아니라 이미지메이킹, 외모관리 등도 신체개발에 포함될 수 있다는 것을 깨닫게 되었습니다. 혼자 하면 얼마나 지루하고 힘든 자신과의 싸움이겠습니까? 함께하는 동지가 있어 힘들 땐 힘들다 이야기 나누고, 그 힘듦을 이해해주고 공감해주는 동지들 덕분에 늘 다시 힘을 낼 수 있게 해주는 것 같습니다.

체인지-UP體仁智-up이라는 명칭에서 체體를를 제일 앞에 둔 이유도 건강한 신체에 건강한 정신이 깃든다는 것을 의도하기 위함이었습니다.

재산을 잃으면 조금 잃는 것이고, 명예를 잃으면 많이 잃은 것이요, 건강을 잃으면 전부를 잃는 것이라는 말도 있지요? 바쁜 일상 가운데에서도 분명 행동 하나하나에 선택과 통제권은 나에게 있다는 것을 꼭 명심하시고, 가장 중요한 건강을 잃지 않도록 건강할 때 잘 지켜나가야 할 것입니다.

명심하셔야 할 것은 건강이 최고라는 겁니다!

3.
내 이름 서성미徐成美

초등학교 2학년 겨울방학이 끝나고, 3학년 1학기가 시작되기 전 봄방학을 보내고 있을 때, 저보다 3살 많은 친오빠는 6학년이 되었습니다. 우리 가족은 경상남도 밀양에 살고 있었습니다. 부모님께서는 곧 중학생이 될 오빠와 저의 학업을 위해 큰 결심을 하시고, 서울에서 중학교 선생님으로 근무하고 있는 큰외삼촌에게 맡기기로 하고 서울로 유학을 보냈습니다. 아직 미혼인 큰외삼촌은 외할머니와 함께 살고 계셨고, 이에 학업 뒷바라지와 가정생활을 외할머니께 부탁할 수 있어서 믿고 맡길 수 있었던 것 같습니다. 부모님께서는 저희 남매가 문제없이 잘 적응하고, 더 좋은 환경에서 자랄 수 있을 것으로 생각하셨던 것이었습니다.

방학 기간에 간단한 옷가지들을 챙겨 서울로 가는 기찻길에 오르면서도 부모님과 떨어진다는 것이 실감 나지 않았습니다. 외할머니 뵈러 외가에 여행가는 기분이었습니다. 처음 며칠간 롯데월드도 가보고, 스케이트장도 가면서 신나게 지낼 수 있었습니다. 문득문득 부모님도 보고 싶고 친구들도 보고 싶었지만, 빨리 적응할 수 있도록 큰외삼촌과 외할머니께서 여기저기 구경도 시켜주시고, 신경 써주신 덕분에 서울 생활에 적응해 나갔습니다.

봄방학이 끝나고 개학 날 새로운 학교로 첫 등교를 하자 낯선 환경, 낯선 말투에 주눅이 들어 갑자기 부모님이, 특히 엄마가 정말 보고 싶었습니다. 저는 쉬는 시간마다 화장실에 가서 눈물을 훔치고 나왔습니다. 같은 학교 건물에 오빠가 있다는 사실이 마음의 위안은 되었지만, 당장 교실에서의 생활은 말 한마디 편하게 내뱉지 못하는 상황이 되어버렸습니다. 제 사투리 억양이 재미있었는지 같은 반 친구들이 이것저것 질문을 던졌고, 제가 대답만 하면 제 말투를 흉내 내고는 대놓고 재밌다고 웃어대는 통에 선생님 질문에도 대답하기가 조심스러웠습니다.

등교 첫날 실내화를 준비하지 못해 양말만 신은 채로 화장실을 이용했었는데, 그 상황을 괜한 화풀이 대상으로 삼고 울 핑계를 만들어 펑펑 울었습니다. 며칠 후 음악 시간에 배우게 된 노래의 제목은 〈즐거운 나의 집〉이었습니다. 그동안 하루하루 울지 않으려고 꾹꾹 참고 있었는데 〈즐거운 나의 집〉에서 무너져버렸습니다. 노래를 따라 부르면서 대성통곡을 해버렸습니다. 선생님께서 차분하게 저를 달래주셨지만, 하시는 말씀마다 부모님이 떠올랐고 더 서러워서

울었던 기억이 납니다.

부모님의 야심 찬 '우리 아이 서울 유학 프로젝트'는 금방 마무리 되었습니다. 성공했을까요? 결국, 오빠나 저나 매일 밤 전화기 붙들고 울고불고하는 통에 1주일도 채 못 버티고 밀양으로 다시 돌아가는 것으로 끝났습니다. 지금에 와서 큰외삼촌께서 말씀하시길, 낮엔 우리 엄마인 누나에게 전화 와서 "얘들이 보고 싶다. 잘 지내고 있는 것이냐?"라고 물으며, 매일 매일 울고불고했다고 합니다.

정말 짧은 기간이었지만 소중한 건 사라져봐야 그 소중함을 알게 된다는 말이 뼈저리게 느껴졌습니다. 무뚝뚝한 아빠라는 존재도, 매일 잔소리만 한다고 생각했던 엄마의 존재도 사무치도록 그리웠습니다.

밀양에서 다니던 초등학교에서는 전학과 관련된 행정 처리를 할 여지도 없이 바로 출석했습니다. 덕분에 봄방학 끝나는 일정에 맞추어, 아무 일 없었다는 듯이 원래 예정되어 있었던 3학년 반으로 배정되어 학교에 다닐 수 있었습니다. 담임선생님만 전학 여부를 아시는 터라 우스갯소리로 "서성미는 서울 어디 서성거리다가 왔노?"라고 농을 건네셨던 일이 생각납니다. 이름이 이름인지라 어릴 적 이름으로 별명을 지어 놀리던 시기에 '서성거리다'라는 뉘앙스의 별명이 붙었습니다.

저는 '달성 서' 씨이며, 이름의 한자 뜻풀이를 보면 천천히 서, 이룰 성, 아름다울 미가 되겠습니다. 문장으로 만들어보면 '천천히 아름다움을 이루어간다'가 되겠지요. 지금은 돌아가신 저의 친정아버지께서 지어주신 이름입니다. 멋진 태몽도, 작명소에서 거금을 줘가며 지은 이름이 아닌 친오빠의 이름 서민성에서 이름을 뒤집어 성민으로 하기엔 남자 이름 같으니 받침을 빼고 성미로 지은 것이었다고 하며, 한문은 대중적으로 많이 쓰는 한자를 쓴 것이었다고 살아생전 아버지께서 말씀해 주셨습니다.

정리수납 강사든 자기경영 강사든 사람들 앞에서 자기소개해야 할 일이 있을 때마다, 제 소개에 대해 고민을 하다 보니 자연스럽게 이름 석 자에 관심을 두게 되었습니다. 어떻게 설명하는 것이 내가 하는 일과 어울리는 의미로 소개할 수 있을까 생각했습니다. 아무래도 이름에 아름다울 미(美)자가 들어 있으니 아름다움이란 단어의 의미에서 하는 일과 연결성을 찾아봤습니다. '아름답다'라는 나만의 정의를 내리고 싶었습니다.

'어떤 것이 아름다운 것이고, 아름다운 상태일까?' 나름의 고민 끝에 내린 결론은 《어린 왕자》에 나오는 장미처럼 나와 관계를 맺은 의미가 담긴 소중한 것들이 아름다운 것이고, 온전히 몰입해서 나답게 사는 순간들이 아름다운 상태라는 결론에 이르렀습니다.

예전에는 이름을 너무 대충 지어주신 것 아닌가 원망 아닌 원망도 많이 했지만, 지금은 '천천히 온전히 나답게 살아가는 삶을 이뤄가거라'는 의미인 제 이름을 소중히 여기며 살아가고 있습니다.

가족을 위해 희생하시고 어떤 삶이 본인이 원하는 삶인지 고민하는 것조차 사치였던 아버지 삶을 되돌아보며, 아버지의 희생과 아버지 방식으로 저를 사랑해 주셨던 그 사랑을 되새겨봅니다. 오늘도 아버지께서 지어주신 제 이름 석 자에 걸맞은 온전한 나다움을 위해 한 걸음씩 내디뎌 나갈 것입니다.

4.
*100세 시대, 웰니스*Wellness

웰빙Well-being과 행복Happiness, 건강fitness의 합성어로 신체와 정신은 물론 사회적으로 건강한 상태를 의미하는 '웰니스'라는 신조어를 들어보신 적 있으신가요? 1세대 웰빙과 2세대 힐링을 넘어 요즘은 세 가지를 다 아우르는 웰니스를 추구하는 시대입니다.

인간의 기대수명은 과학과 의술의 발달로 100세 이상으로 예측하는 보고를 매체를 통해 쉽게 접할 수 있습니다. 이와 함께 생각해 봐야 할 것은 기대수명이 늘어난 것을 축복으로만 받아들일 수 없는 부분입니다. 이런 장수도 질병 없이 건강한 상태로 노후를 보내야 축복이 될 것입니다.

저의 직업은 유효 활성 성분인 약을 안전하게, 유효하게 전달하기 위해 완제의약품의 제형과 방출조절을 결정하는 제제 연구를 하는 것입니다. 의약품으로 병을 치료할 수 있지만, 병이 생기기 전에 건강관리를 잘하는 것이 더 중요하다는 생각을 하고 있습니다. 노년을 생각할 때 저의 소원은 건강하게 병 없이 경제적인 여유와 함께 생업을 계속 이어나가, 다음 세대를 위해 물려줄 유산을 남기고 생을 마감하는 것입니다.

《작고 소박한 나만의 생업 만들기》(메멘토)에서 저자의 표현을 빌리면, 생업이란 혼자서도 시작할 수 있고, 돈 때문에 내 시간과 건강을 해치지 않으며, 하면 할수록 머리와 몸이 단련되고 기술이 늘어나는 일, 이것이 바로 생업에 대한 정의며 저도 공감하는 부분입니다.

지금은 세 아이 건사하면서, 본업과 자기계발 하느라 배우고 익히는데 하루가 어찌 돌아가는지 정신이 없을 정도로 바쁘지만, 훗날 아이들이 장성하고 본업에서 은퇴해 있을 때 죽기 직전까지 할 수 있는 일이 있다는 것이 노년에 굉장한 위로와 힘이 되어줄 것으로 생각합니다.

《매일 아침 써봤니?》(위즈덤하우스)의 저자 김민식 PD는 현업에서 일할 수 있을 정도로 건강관리를 잘하는 것이 노후대비라고 말하고 있습니다. 노후에는 취미생활에 큰돈 들어갈 일 없기에 열심히 돈을 버는 것보다 재미난 일을 하는 것이 우선이라며 놀이를 이끌고 만드는 사람, 전문가 수준으로 잘 노는 사람이 되어야 한다고 이야기하고 있습니다. 저 역시 격하게 공감하는 말입니다.

2012년도부터 블로그에 일상을 남기기 시작했습니다. 처음에는 휴대전화에 사진이 넘쳐서 사진 정리의 목적으로 사진과 함께 간단한 일정을 정리하는 형태로 글을 남겼습니다. 이후에는 좀 더 자세히 그날의 상황과 감정을 함께 적으며 유산으로 생각하고 일상을 기록하고 있습니다.

시간이 지나고 제가 이 땅에 없을 때 아이들이 엄마를 떠올리고 기억할 수 있도록, '이렇게 하루하루 최선을 다해 사셨구나'라고 생각해줬으면 하는 바람과 함께 생색내기용으로 말입니다.

지금은 글을 쓰고 일상을 남기면서 깨닫게 되고 내 삶에 어떤 영향과 변화를 가져 왔는지에 대해서 남기려고 노력하고 있습니다. 나아가 제 경험이 누군가와 공감대를 형성하고, 실패담을 통해서 위로와 힘을 줄 수 있고, 어려운 문제를 극복해 가는 과정을 글로 남겨 공유함으로 나도 할 수 있겠다는 자신감도 심어드리고 싶어서입니다. 그 누군가가 저희 딸이 될 수도 있으니 말입니다.

20살부터 아니 학창시절부터 꿈을 향해 도전하였고, 현재에 만족하지 않고 계속 발전해 나가는, 즉, 위를 향해 올라가는 '오르막길 인생'을 위해 열심히 훈련해 왔습니다. 아직은 한참 뒤의 일 같지만, 내리막길도 준비해야 한다는 것을 깨닫고 있습니다. 언젠가는 내려가기 연습도 해야 할 것입니다.

나이가 들어감을 기꺼이 즐길 수 있는 것보다 더 큰 노후대책이 있을까요? 인생이라는 추억여행에서 즐겁고, 행복한 추억을 만들어 가는 과정을 즐겨야 내 삶도 의미가 있다고 생각합니다. 즐겁고 행복하다는 감정은 지극히 개인적이고 주관적인 것입니다. 양적으로 더 많은 즐거움과 행복을 누릴 수 있는 것도 발굴해야겠지만, 즐거움과 행복의 깊이를 더해가는 것 또한 하나의 방법이 될 수 있을 것 같습니다.

웰니스 시대 나만의 신체, 정신, 사회적으로 안녕한 상태를 영위해 나가기 위한 나만의 무기를 장착하기 위해, 저는 첫 번째로 독서 모임과 자기계발 동지 모임인 〈체인지-UP〉과 〈작심삼일〉 팟캐스트를 진행하고 있습니다.

책을 통해 무지를 깨닫고 다른 이의 관점으로 들여다 볼 수 있음이 색다른 기쁨입니다. 책이라는 매개체로 알게 된 회원들과 소통하고 타인의 경험과 깨달음을 통해 삶이 풍성한 이야기로 채워지는 것 또한 충만한 기쁨입니다.

두 번째는 글쓰기 활동입니다. 제 글을 읽어주는 사람이 단 한 명이라도 있다면, 물론 제가 쓴 글을 읽고 있는 저 자신도 포함입니다. 꿈과 희망을 줄 수 있기를 바라는 마음에서 쓰고 있는 글쓰기 활동을 통해 웰니스를 추구하고 있습니다. 그리고 마지막으로 다양한 배움과 도전 거리로 신체적·정신적·사회적 안녕을 찾아가고자 노력하고 있습니다.

여러분들의 웰니스 목적과 방법은 무엇이 될 수 있을까요?

5.
어떻게 비우고 채울 것인가?

저는 현재 한국정리수납협회 소속 정리수납 강사로 활동을 하고 있습니다. 공간정리에 있어서 핵심은 버림의 자유와 바른 채움이 되겠습니다. 버림에도 난이도가 있다고 생각합니다. 유통기한이 한참 지나 맛과 향이 변질된 식재료를 버릴까 말까 깊게 고민하는 분들은 없으실 것입니다. 또 유통기한이 지난 의약품을 폐기하는 것을 두고 고민하는 분도 없으실 것입니다. 이렇게 버리기의 기준이 명확한 물건은 버리기가 수월하지만, 물건에 의미가 있고 사연이 깃들어 있는 것은 쉽사리 버리겠다는 마음을 먹기가 힘들 것입니다. 그래서 수납 전문가 자격증 과정 중에 처음 몇 주간은 집 구석구석 서랍장 열고 다니면서 유통기한 지난 의약품, 이미 폐기하고 없는 소형가전제품 사용설명서, 비닐 껍질 등 비교적 난이도가 낮은 물건부터 버리기 근육을 키우는 연습을 하라고 말씀드립니다. 이후에 본격적으로 각 영역별 정리수납의 원칙과 사례들을 보여드린 뒤, 우리 집 상황에 맞는 정리수납에 대한 해답을 찾아가자고 코칭해드리고 실습한 것을 토대로 피드백을 하고 있습니다.

집안 정리를 우리의 몸으로 비유해볼까요? 꾸역꾸역 먹기만 하고 소화 시켜 배변 활동을 하지 않으면 변비에 걸리듯이, 하루에도 몇 가지씩 집으로 들어오는 물건들이 들어오기만 하고 나가지를 않으면 우리 집 어딘가에도 변비가 걸려 정체된 곳이 생기게 마련입니다.

저라는 사람은 제가 소속된 가정의 자원을 관리하는 경영자로서, 입·출고에 대한 기준과 철칙이 명확해야 자원관리를 어렵지 않게 할 수 있습니다. 비단 물건뿐만 아니라 내가 사용하고 있는 시간도 필요와 불필요에 따라 정리가 필요합니다. 인적자원의 입·출고 영역 중 하나인 감정자원 역시 제대로 관리하여 효율적으로 사용해야 할 것입니다. 비움을 강조하는 이유는 아무리 좋은 것이라도 채울 수 있는 공간, 담을 그릇이 있어야 내 것으로 삼을 수 있기 때문입니다.

약을 만들 때도 마찬가지입니다. 하나의 알약은 약효를 나타내는 약효 성분 외에, 약을 삼킨 뒤 위장관에서 적절하게 약물이 방출되어 효력을 나타낼 수 있도록, 방출을 조절하는 여러 첨가제가 함께 섞여서 제 기능을 해주고 있습니다. 첨가제 중에서는 적절하게 알약이 몸속에서 붕괴할 수 있도록 도와주는 붕해제라는 것도 들어가고, 형태를 부여하기 위해 사용되는 부형제도 들어가게 됩니다. 또 푸슬푸슬 한 파우더들을 적절하게 결합될 수 있도록 결합제라는 것도 들어가고, 알약의 형태로 성형할 때 성형하는 기계로부터 잘 배출되어 나올 수 있게 도와주는 윤활제 역할의 활택제라는 것도 들어갑니다. 목표하는 약물의 방출 거동에 따라 다양한 기능의 첨가제들이 들어갈 수도 있습니다.

만약 각기 맡은 기능이 제대로 발휘될 수 있도록 최적의 조합을 찾아내지 못한다면, 약은 생체 내에서 제대로 방출되지 못해 약효를 나타내지 못하고 오히려 독이 될 수도 있는 것입니다.

우리가 가지고 있는 다양한 자원도 마찬가지라고 생각합니다. 적절하게 입고시키고, 출고시키며 관리를 해야지 불분명하고 무분별하게 관리하다가는 자원이 고갈되든지, 균형 잡히지 못한 삶이 되어버립니다.

열심히 앞만 보고 달릴 때는 성공을 위해 채우는 것에만 급급했습니다. 지식도 채워야 했고, 인맥과 물질적인 풍요도 채우기에 급급했습니다. 공간정리를 위해 비움과 채움을 실천하는 가운데, 비울수록 더 자유롭다는 것을 새삼 느끼고 있습니다.

아프리카에서 원숭이를 잡는 손쉬운 방법이 있다고 합니다. 바로 원숭이를 유혹할 맛있는 과일과 주둥이가 좁은 항아리 두 가지로 말입니다. 방법은 원숭이 손이 들어갈 만큼 입구가 좁은 항아리 안에 달콤한 향을 풍기는 과일을 넣어둡니다. 원숭이가 냄새를 맡고 항아리 안에 손을 뻗어 과일을 움켜쥐고 그 움켜쥔 손 때문에 항아리에서 손을 빼내지 못할 때 가까이 접근해 몽둥이로 때려 기절시켜서 잡는 방법이라고 합니다. 기척을 듣고 움켜쥔 것을 놔버리면 될 텐데, 끝까지 움켜쥐고 있다가 봉변을 당하는 것입니다.

우리도 비우지 못하고 움켜쥔 것 때문에 오히려 자유롭지 못하다는 것을 느낄 때가 있을 것입니다. 물건정리만 해보셔도 알 수 있습니다. 살 빼면 이 옷 꼭 입어야지 하고 옷장 한쪽에 모셔둔 옷을 들여다보며 살을 빼고 싶다는 동기부여를 받을 수도 있겠지만, 마음 한편의 짐처럼 현재 만족스럽지 못한 내 몸매를 떠올리며 불행을 끌어안고 있지는 않았던가요?

어르신들 정리수납 컨설팅을 가면 곳곳에 자식들과 손주들의 추억이 담긴 물건과 사진들이 자리 잡은 것을 볼 수 있습니다. 자주 보지 못하는 가족들을 사진으로나마 마주하며 행복을 느낄 때도 있지만, 동시에 외로움을 느낄 수도 있을 것입니다. 굳이 추억이 깃든 물건을 보관하고 소유하는 것만으로 행복을 유지할 수 있는 것일까요? 함께했던 소중한 순간들을 가슴에 담아두고 회상하면서 그때의 행복과 기쁨을 누릴 수 있지 않을까요? 그리고 당장 소중한 가족들에게 전화 한 통 넣어 목소리를 듣고 안부를 나누는 것이 더 행복에 가까운 삶이 아닐까 생각합니다.

비움에서의 자유는 바로 이런 것 같습니다. 움켜쥐는 것이 아니라 놓아버릴 수 있는 용기가 있을 때 진정한 비움의 자유가 있다고 말입니다. 그 빈자리에 온전히 나답게 살 수 있는 무엇인가로 채워

나가기 시작한다면 어디에 있든 지금 이 순간 충만한 행복을 누릴 수 있다고 생각합니다.

비움의 자유와 바른 채움으로 온전히 나답게 살아가는 삶이 될 수 있기를 간절히 바랍니다.

6.
건강습관을 위한 도전

우리가 습관적으로 반복해서 하는 일들이 내가 어떤 사람인지 표현해주는 것으로 생각합니다. 제가 반복적으로 출근해서 약물을 전달할 제형을 개발하고 연구하는 일을 함으로써, 제가 어떤 일을 하는 사람인지 설명할 수 있으며, 반복적으로 하는 습관을 통해서 앞으로 어떤 일을 할 사람이라고 말할 수 있을 것입니다.

내가 되고 싶은 어떤 모습들을 생각만 하고 말로만 떠든다고 해서 그 일은 일어나지 않는다는 것은 누구나 알고 있습니다. 목표를 향한 아주 작고 사소한 일이라도 조금씩 반복해서 완수해 낼 때, 나 스스로 내 모습에 감동하고, 나를 더욱 신뢰할 수 있는 사람이라고 믿을 수 있게 되는 것입니다.

제가 지금 하는 건강습관은 3가지입니다. 그것은 먹거리 생활습관, 신체활동, 건강한 마인드 훈련이 있습니다.

첫째, 바른 먹거리를 위해 3백白을 절제하고 있습니다. 그런데 현실에서 이걸 절제한다는 것이 얼마나 힘든 일인지, 내가 먹고 있는 것을 하루만 기록해 봐도 힘든 일이라는 것을 느끼실 수 있을 것입니다. 절제해야 한다고 생각하고 일상을 들여다보니 도통 먹을 것이 없었습니다. 집에서 먹는 밥이야 간만 조금 덜 짜게 해서 조절하면 되지만, 집을 벗어나는 순간 각종 디저트 거리에는 설탕과 밀가루가 안 들어간 것이 없고 아이들 입맛에 맞춰 외식이라도 하게 되면 인스턴트식품이나 돈가스, 중화요리 등을 먹으니 죄다 튀기고 밀가루 옷을 입은 것들뿐이었습니다. 편의점만 둘러봐도 첨가제 걱정 없이 먹을 수 있는 먹거리가 얼마나 될까요? 아이 키우며 바쁘다는 핑계로 아이들 간식 사주는 것에서 실랑이하기 귀찮아 먹고 싶다는 것을 손에 쥐여주곤 했던 제 모습도 반성하게 됩니다. 정말 훌륭한 부모라면 많은 재산을 남기고, 명성을 남겨줄 것이 아니라 좋은 습관과 뭘 해도 해낼 수 있다는 자존감을 남겨줘야 하는데, 그러지 못했다는 생각에 늘 반성하고 있습니다. 이제부터라도 내 몸에 들어오는 것이나 사랑하는 가족들이 먹는 먹거리들을 이왕이면 몸에 좋은 것으로 선별하고자 합니다.

좋은 습관 들이기 프로젝트팀인 〈체인지-UP〉 커뮤니티 회원님들과 〈작심삼일〉 팟캐스트 청취자분들과도 바른 식습관과 운동을 통해 각자 되돌아보고 피드백하는 시간을 보냅니다. 잘하고 있을 땐 서로 칭찬과 격려를, 다소 절제가 무너졌을 땐 다시 할 수 있다는 위로와 용기를 심어주면서 말입니다.

먹는 것 중에 가장 기본이 되는 중요한 물 역시 의식적으로 하루에 2ℓ 마시기를 하고 있습니다. 《물 치료의 핵심이다》의 저자 F. 뱃맨겔리지Fereydoon Batmanghelidj, M.D.는 런던대학의 세인트메리병원 의과대학을 졸업했습니다. 그는 지금까지 통증 및 질병과 연관된 만성 탈수를 연구하는 데 의학 인생의 대부분을 바쳤습니다.

뱃맨겔리지 박사가 물의 치유 효능을 발견한 것은, 1979년 이슬람 혁명의 정치범이 되어 이란의 에빈교도소에 수감 되어 있을 때였습니다. 당시 그는 자신이 가지고 있던 유일한 약을 사용하여, 스트레스로 인한 소화 궤양에 시달리던 3천 명의 동료 수감자들을 치료하는 데 성공했는데, 그 약은 바로 '물'이었습니다.

그 사실을 통해 그는 의학사상 처음으로 인체에 물이 부족할 경우 통증이 나타난다는 것을 깨달았습니다. 수감 생활(연구 성과를 인정받아 3년형이 선고되었다) 이후 지금까지, 그는 자신의 모든 시간과 관심을 탈수로 인한 인체의 건강 문제에 집중해왔고, 수백만 명의 사람들이 그의 발견에 힘입어 다양한 통증과 퇴행성 질환의 고통에서 벗어나 건강을 되찾고 있습니다.

우리 몸의 70%는 물로 구성되어 있고 뇌는 이보다 더 많은 물로 구성되어 있다고 합니다. 물만으로 통증을 완화하고 예방할 수 있는 것들이 많다고 하니, 물을 마시는 작은 습관이 건강을 지키는 손쉬운 방법 중 하나가 될 수 있을 것입니다.

둘째, 먹거리 다음으로 중요한 것이 신체활동입니다. 운동을 생활화하기 위해서 전문 운동시설을 이용할 수도 있지만, 엘리베이터 대신 계단을 이용하고, 가까운 거리는 대중교통을 이용하며, 가벼운 스트레칭 등은 일상 속에서 짬짬이 실천할 수 있는 부분입니다. 요즘 홈트레이닝을 줄여 '홈트'라고 부르며, 함께 운동할 수 있는 다양한 영상도 많이 있으니, 시간과 공간 비용적인 고민 없이 바로 시작할 수도 있습니다.

한편 모니터 화면이나 스마트폰을 자주 들여다봐서 현대인의 대부분이 거북목을 하고 있다고 방송되고 있습니다. 저 역시 목과 함께 어깨결림이 심해 분기마다 한 번씩 꼭 한의원에 가서 침도 맞고, 물리치료도 받고 있으며, 지금은 바른 체형을 만들기 위해 운동과 스트레칭으로 해결하고 있습니다. 바쁘다는 핑계로 건강을 소홀히 하던 제가 3P바인더를 사용하고 나서부터 시간 관리가 시작되었고, 정말 소중한 일을 하기 위해 시간을 낼 수 없다는 것은 핑계일 뿐이라는 것을 깨닫게 되었습니다. 시간 관리의 핵심이라고 할 수 있는 우선순위를 정해서 정말 중요한 일들을 해내는 훈련을 하고 있습니다.

셋째, 건강한 신체에 깃들여진 건강한 정신을 위해서 감사훈련은 정말 귀한 습관훈련이라고 생각합니다. 성경 말씀에도 "항상 기뻐하라, 쉬지 말고 기도하라, 범사에 감사하라"는 말씀이 있습니다.

감사할 일에 감사하는 것은 누구나 할 수 있는 일입니다. 도저히 감사할 수 없는 일에도 감사할 수 있는 초 긍정의 마인드 탑재를 위해 의식적으로 훈련해야 하는 부분입니다.

아이들과의 대화 중에도 의식하고 이야기하다 보면, 어느새 불평과 원망의 말들이 생각 없이 튀어나오고 있음을 쉽게 발견할 수 있습니다. 이 때 감사의 문장으로 바꾸는 훈련이 저와 아이들의 의식변화에 큰 도움이 되고 있습니다. 감사훈련 역시 혼자 할 때보다 함께해나갈 때, 더욱 시너지가 난다는 것을 몸소 체험하고 있습니다.

〈목적이 있는 책 읽기 모임〉에서 《청소력》이라는 책을 가지고 1책 1실행을 선정해서 각자 삶 속에서 적용해보자고 이야기를 나누었습니다.

실제 회원님 중에 금전적으로 어려움을 겪고 계셨던 분께서 《청소력》을 읽고 저자가 금전에 문제가 있는 사람들은 화장실 청소를 하면서 "감사합니다"라고 말하라는 조언을 해준 부분을 적용할 부분으로 삼았습니다. 돈 문제를 해결할 수 있는 뾰족한 수가 없어 화장실 청소를 하며 "감사합니다"를 꾸준히 실행한 결과 불과 2주 만에 분양받은 상가의 잔금을 치를 수 있도록, 때마침 세입자가 잔금 전날 극적으로 계약되었고, 세금 문제도 해결되고 분쟁으로 갈 수 있었던 문제도 상호 합의가 잘 이뤄져서 금전적인 이득을 취하며 해결될 수 있었습니다. 우연한 일치였다고 말할 수도 있겠지만, 우리 회원님들은 감사하는 마음과 절실함이 만든 결과라는 것을 믿습니다.

나를 위한 자기계발의 첫걸음 건강습관을 위한 도전 지금도 늦지 않았습니다. 함께해보실까요?

7.
이상적인 건강한 삶이란?

어떤 사람이 건강한 삶을 살고 있다고 생각하세요? 육체미가 철철 넘치는 근육질의 남성 이미지가 떠오르시나요? 웰니스의 정의에서 봤듯이 신체적인 건강뿐 아니라 정신적 건강과 사회적인 안녕의 상태를 유지하는 것이 건강한 삶이라 말씀드렸습니다.

저는 대학 시절 교수님과 주위 남자 선배들에게 장군이라고 불릴 정도로 체력도 좋고 끈기 있게 맡은 소임들을 해내는 캐릭터였습니다. 셋째 아이를 임신했을 때도 바쁜 아침 출근 시간이면, 양손에 아이들 어린이집 가방 2개에 제 가방 하나, 월요일엔 낮잠이불에 기저귀 팩까지 챙겨야 했습니다. 그래서 양손에 5~6개의 짐 들을 팔에 끼고, 16~18개월 되는 둘째 아이를 아기 띠로 안고서, 이도 모자라 첫째 딸은 손을 잡아 이끌며 종종걸음으로 어린이집에 등원시켰습니다. 지나가는 사람들이 한 번씩 흘깃하며 다시 쳐다볼 만한 광경이었지요.

제 몸이 힘든 건 버틸 수 있겠는데, 둘째 딸아이가 두 돌 되기 전 어린이집에서 뇌 경련을 일으키며 잠시 기절한 적이 있었습니다. 저는 회사에 있어 그 모습을 원장선생님을 통해 이야기로 전달받았습니다. 정신을 잃고 축 늘어진 아이를 안고 있었던 원장님께선 너무 놀라셔서 큰 병원으로 가서 검사받아 봐야 하지 않겠느냐고 거듭 말씀해 주셨습니다. 저는 아침에 맡길 때 모습 그대로의 아이를 하원에서 만난 터라 현장에 계셨던 선생님처럼 실감이 나지 않았습니다. 서울어린이병원으로 진료예약을 하고 막상 아이를 데리고 병원으로 가는 길에 이 아이에게 문제가 있는 건 아닌지, 일하는 엄마 만나 엄마 품에서 마음껏 보듬어 주지 못해서 이런 일이 생긴 것은 아닌가 하는 죄책감과 염려에 눈물만 흘릴 뿐이었습니다.

처음 가본 서울어린이병원 뇌 질환 진료실 앞 대기실의 풍경은 과히 충격적이었습니다. 장애 수준이 심각해 보이는 아이를 데리고 대기 중인 부모님 얼굴에선 제 얼굴과 달리 덤덤함과 여유까지 느껴졌습니다. 아이들이 건강하게 우리에게 와준 것만으로도 감사할 따름이었다는 것을 다시 깨닫게 되는 순간이었습니다.

다행히 둘째 아이는 지켜보는 것 말고는 달리할 수 있는 처치가 없으며, 7살인 지금까지 경기 한번 하지 않고 잘 자라고 있습니다. 가끔 한글 공부, 책 읽기 습관 들이겠다고 아웅다웅하다가도 그때 일을 생각하면 감사한 마음뿐입니다.

다음 세대인 이 아이들이 자라서 활약할 시대에는 어떤 재능이 필요할까? 부모이기에 관심을 가지고 미래를 예측한 책들과 방송에도 귀를 기울이고 있습니다. 잘 노는 엔터테인먼트가 중요할 것 같아서 배경지식을 넓혀주고 다른 사람들이 만들어 놓은 예능 콘텐츠를 소비하는 사람이 아닌 만들어 낼 수 있는 사람으로 즐겁고 재밌게 이 세상을 살아갔음 하는 바람이 있습니다.

그리고 뭐든 도전하는 것이 두려워 시도조차 하지 않는 사람이 아니라, 실패에서도 깨달음을 얻고 다시 도전할 수 있는 용기와 지혜를 키워나가는 아이들이 되었으면 하는 바람도 제 교육 신념 중 하나입니다. 그래서 나를 이롭게 하고, 주변을 이롭게 하는 선한 영향력을 끼치는 사람으로 성장할 수 있기를 소망합니다.

신체 건강과 마음 건강과 지식 건강에 이어 영적 건강을 추구하는 삶을 앎이 아닌 행함으로써 살아가는 본을 보여주고, 아이들의 롤모델이 되기 위해 오늘도 체인지-UP을 위해 도전하고 있습니다.

PART 3

품격있는 삶

독야청청 나 홀로 잘 먹고 잘사는 삶이 아닌, 한 걸음 더 나아가 공존 공영의 정신으로 나와 관계한 주변인들에게 나의 흘러넘치는 겸손과 감사의 자세를 갖추고 그들에게 다가가야 합니다. 그들이 높아짐과 동시에 함께하는 나도 존경과 감사를 되받는 삶이 되리라 생각합니다.

품격을 높이는 삶의 핵심이 겸손과 감사가 밑바탕이 되어야 함을 잊지 말아야겠습니다. .

1.
스스로를 사랑하는 마음

학교에서 배운 대로 부모님께서 바라시는 대로 주어진 길만을 부지런히 걸어왔습니다. 대학원까지 마치고 취업을 했을 때는 일터가 종착지인 줄 알았습니다. 그러나 그곳은 종착지가 아닌 '어떻게 나답게 살 것인가?'라는 질문을 저 자신에게 던지고 해답을 찾아야 하는 출발선이었습니다. 저의 시간과 기술과 열정을 월급으로 교환할 수 있게 되면서, 제 미래를 걱정한다는 핑계로 제 삶에 이래라저래라 개입하는 사람이 적어졌음을 느낄 수 있었습니다.

취직해서 처음 느꼈던 감정은 걱정과 위화감이었습니다. 제가 일하게 된 제약회사 제제 개발팀은 팀이 만들어진 이래 처음으로 여자연구원을 뽑았는데 그게 바로 저였습니다. 그리고 저와 함께 입사한 동기를 제외하고, 팀 전원이 약사 혹은 한약사 출신이었습니다. 잘 모르는 의약학용어들과 학교에서 학술용으로 배우던 내용과 달리 제약산업에 바로 적용될 수 있는 연구개발은 차이가 있었기에, 어떤 것부터 해야 할지 어리둥절한 상태였습니다. 지금 생각해보면 그 시기에 맞는 지극히 자연스럽고 당연한 상황이었고 부족한 것들은 배우고 채워나가면 되는데, 사회 초년생이었던 그때는 지금과 같은 여유가 없었습니다. 타인과 비교하면서 상대적으로 부족하다 생각되는 부분에 집중했고, 인정받기 위해서 새로운 기술이나 자격을 취득해야 한다고 생각했습니다.

만족함이 없고 늘 부족하다 생각했습니다. 내 모습을 나부터 받아들이지 못하고 만족하지 못했기에 감사가 없고 원망, 불평만 늘어놓기 바빴습니다. 내가 가지고 있지 않은 것에 초점 맞추다 보니 극복할 방법은 더 치열하게 노력해서 가지는 방법 밖에는 달리 떠오르지 않았습니다. 주변을 돌아볼 여유 없이 앞만 보고 달리는 경주마처럼 달리기만 했습니다. 혼자일 때는 야근을 해서라도 문제를 해결하고 업무에 집중할 수 있었지만, 가정을 이루고 가족이 늘어나니 몸이 따라 주는 속도가 마음이 앞서는 속도를 못 쫓아가게 되었습니다. 육아를 병행하며 업무에 집중 못 하는 저 자신을 마주할 때마다 더 초라해지고 자신감도 사라져 갔습니다. 뭔가 잘못 돌아간다는 생각이 들 때, 잠깐 멈춰서 재점검을 할 수 있게 제동을 걸어준 것은 신앙생활이었습니다.

나 중심적 사고에서 하나님 관점으로 모든 관계와 일어나는 일들을 바라보니 안달할 필요도 없었고, 그렇게 애를 쓸 것이 아니었음을 깨닫게 되었습니다. 실내원예와 원예 심리치료사 과정을 배우면서 자연이 주는 아름다움과 꽃이 지고 피는 과정을 지켜보고 있자니, 지는 것을 두려워하지 않고 꽃피우는 꽃들의 위풍당당한 모습에 반하게 되었습니다. 꽃에도 표정이 있다는 것을 알게 되었습니다.

정리수납을 통해서 내가 가지고 있는 소유의 기준을 들여다보면서 세속적인 욕심과 정면으로 마주하므로 그릇된 가치관이 초래한 과오를 되돌아보게 되었습니다. 하나하나 사연이 있는 물건들을 정리함으로써, 새롭게 내 가족이 될 물건들을 소유하는 기준도 세울 수 있게 되었습니다. 갖고 싶어서 채우는 것이 아니라 필요 때문에 사되, 대체할 것은 없는지 정말 필요한 것인지 묻고 또 묻습니다.

매일 반복하는 일을 통해 나다움을 드러낼 수 있고 내가 소유하고 있는 물건들을 통해 나를 사랑하는 방법을 선택하고 대변할 수 있었습니다. 현재 내 모습을 있는 그대로 사랑할 수 없다면 어느 누가 나를 사랑해줄 수 있느냐는 생각이 머리에서 가슴으로 내려와 자리를 잡은 뒤부터, 지금의 내 모습을 가장 많이 믿어주고 사랑해주는 사람이 내가 되어야겠다고 다짐했습니다.

내가 담을 수 있는 사랑의 그릇이 차고 넘쳐 가족과 이웃에게 흘러갈 수 있도록 하는 것이 성경적이구나 생각하게 되었습니다. 내가 담을 수 있는 그릇 역시 훈련을 통해서 더 깨끗하게 용량도 더 키울 수 있다고 생각합니다. 그래서 저는 필요한 가진 것에 감사하며 타인을 배려하고, 공감하고, 소통하는 능력을 키우기 위해 책을 통해 사고를 확장하는 훈련을 하고 있습니다. 책에선 저자들이 깨닫게 된 통찰력과 지혜를 배울 수 있습니다. 나를 사랑하고 나를 넘어 이웃을 사랑한다는 것은 이론과 개념으로 끝나는 것이 아니라 삶 속에서 누려야 하기에, 다양한 분들을 만나며 주고받는 일상적인 대화 속에서도 행해지고 드러나기를 원합니다.

《자존감 수업》이라는 책의 저자분 강의를 들을 기회가 있었습니다. 친구가 힘든 일이 있어 고민을 토로하고 위로를 얻고자 할 때, 우리는 그 친구에게 실수한 것을 콕 짚으며 가슴 아픈 말로 후벼 파지 않을 텐데, 나 스스로에게는 너무나 엄격하고 모질게 군다는 말씀에 고개를 끄덕일 수밖에 없었습니다.

내 감정에 솔직하게 그리고 더 따뜻하고 관대하고 보듬어주며 잘해왔고, 잘할 수 있다고 용기를 심어 줄 수 있는 자신이 되어야겠다고 생각했습니다.

나 스스로 나를 사랑하지 않는다면 누구도 나를 사랑해주지 않는다는 것을 기억하며, 오늘도 나의 나다움을 받아들여 주고 사랑해 주어야겠습니다.

2.
책으로 나를 경영하라

2017년 9월부터 한 달에 2번씩 〈목적이 있는 책 읽기 모임〉을 운영하고 있습니다. 그 전에 육아휴직을 끝내고 복직한 뒤 회사로 돌아와 보니 사내 독서동아리가 운영되고 있는 것을 알게 되었습니다. 독서동아리에 가입하면 필독서 한 권과 자유도서 한 권, 총 한 달에 2권의 책을 지원받을 수 있다고 해서 저는 그 길로 가입했습니다.

이를 통해 제가 좋아하고 즐겨 읽는 실용서가 아닌, 문학작품과 추리소설부터 만화책까지 다양한 분야의 책을 회원들이 돌아가며 추천해서 읽게 되었습니다. 한 달에 한 번씩 모여 지정도서를 읽은 후 다양한 관점에서 저자의 의도를 파악하고 본인의 생각을 나누는 시간을 가졌습니다. 저는 각양각색의 의견들이 재미있어서 독서모임 시간을 손꼽아 기다리게 되었습니다.

책이 주는 여러 가지 유익함이 있지만, 저는 책에서 얻게 된 감동과 삶의 가치를 토론에서 끝내는 것이 아니라, 내 삶 속에서 실천하고 변화하고 싶은 마음이 컸습니다. 취미생활의 일환으로써의 책 읽기가 아닌 책을 통한 삶의 변화를 목표로 하는 분들과 독서모임을 진행해보고 싶은 마음이 불쑥 들었고, 블로그와 인스타그램을 통해 홍보를 시작했습니다. 그리고 지금의 〈목적이 있는 책 읽기 모임〉을 저의 아지트인 안산시 길거리학습관 30호점 아베크 커피숍에서도 가질 수 있게 되었습니다.

첫 모임에 6분이 참석하게 되었습니다. 다들 서로서로 모르는 분들이었습니다. 색다르게 자기소개 시간을 가져보고자 성격유형테스트를 통해 나의 커뮤니케이션 스타일이 어느 유형인지 알아봤는데, 조건부 모임이라 그런지 한국인의 약 70% 유형인 '피플형'을 제치고 '액션&아이디어형'이 대부분이었습니다. 저와 비슷한 가치와 사고를 하는 분들이 모였다고 생각하니, 더 정감이 가고 서로의 닮은 모습에 빨리 친해질 수 있었습니다.

독서모임이라고는 회사에서 참여해본 경험이 전부인 제가 그렇게 독서모임을 운영하게 되었습니다. 거창한 기술이 필요한 것이 아니었고, 책 선정은 멘토들이 추천해주신 책을 우선순위로 삼아 제가 읽어 보고 감동했던 책을 추천하는 것으로 진행하게 되었습니다. 진행방식은 먼저 가벼운 안부로 못 본 사이에 일어났던 좋은 소식과 나쁜 소식을 나누는 것을 시작으로, 책을 읽고 난 뒤 소감을 각자 '본깨적' 형식으로 발표합니다. 본깨적은 3P자기경영연구소 독서경영에서 언급하는 독서법 단어로 저자의 관점에서 중요하다고 발견하게 된 '본 것'과 '깨닫게 된 것', 마지막으로 '적용하고 싶은 것'을 위주로 책을 요약하는 방법입니다.

독서모임이라고 해서 매번 모두 책을 다 읽고 오는 것이 아니라서, 책을 다 읽으신 분 위주로 먼저 본깨적을 발표합니다. 그 후 사정이 있어 책을 읽지 못한 분들도 함께 참여할 수 있도록 들깨적으로 발표하여 참여시키게 됩니다. 독서모임 회원분들의 본깨적 발표 내용을 들은 내용 중 인상 깊은 것, 깨달은 것, 적용할 것 순서로 발표하는 것입니다. 1책 1적용을 목표로 하고 진행했던 부분을 나눠주시기도 합니다. 또 책 한 권을 요약 정리한 원포인트 레슨 시간도 담당자를 정해서 돌아가며 발표를 하는 것으로 마무리합니다.

독서모임에서 마케팅 관련 책을 읽고 나서 생업에 적용해서 성과를 내신 분도 계시고, 자신의 능력을 불신하고 한계를 긋고 좌절하고 낙망하신 분도 계십니다. 독서모임을 통해서 과거에 나를 돌아보며 어떤 힘든 순간에도 다시 일어나, 지금 이 자리에 있는 모습을 되새기며 '할 수 있다'라는 용기와 힘을 얻고 다시금 도전하는 순간들도 있었습니다.

자기경영이란 단어가 생산성과 효율에 집중한 나머지 즐거움과 여유라는 뉘앙스는 빠져 있다 생각되어 처음에는 거북했습니다. 비범하고 원대한 꿈을 꾸며 실제로 어떤 조직을 경영하는 사람들이나 하는 행위라고 생각했습니다. 하지만 '서성미, 나라는 사람도 경영자가 될 수 있겠구나'라고 생각을 고쳐먹었습니다. 경영자란 가지고 있는 자원을 효율적으로 사용하여 성과를 내는 사람이라는 나름의 정의를 내리고, 제게 있는 시간, 열정, 체력, 인적자원인 아이들과 남편, 인맥, 지식, 정보, 경험 등의 자원을 잘 활용하고 싶었습니다.

책은 서성미라는 사람을 경영하는 데 있어 열정을 공급해주는 에너지원이자, 사고신탁의 매체였습니다. 출산과 육아가 반복되면서 아이의 엄마, 아내이기 이전에 나를 보살펴주고, 힘든 시기를 이기고, 다가올 미래를 준비할 수 있도록 희망의 끈을 놓지 않게 해 준 것도 책이었습니다. 꿈도 희망도 현실 앞에 주저앉고 싶었을 땐 김미경 원장님의 《드림온》과 《꿈이 있는 아내는 늙지 않는다》, 《언니의 독설》과 같은 책을 읽으며, 냉수 마찰하듯 정신을 번쩍 차릴 수 있었습니다. 주변 사람과의 관계가 힘들 때면 먼저 경험해 본 선배들의 이야기와 극복사례 방법을 통해 위로를 받고 용기를 낼 수 있었습니다.

내가 경험하고 배운 것으로 한계를 지어버린 세계관과 가치관은, 책을 통해서 틀이 무너지고 확장되는 것을 느낄 수도 있었습니다. 이렇게나 유용한 자기경영 방법의 하나인 독서를 큰 비용 들이지 않고 할 수 있는 평생에 걸쳐 동반자로 삼을 만하지요? 앞으로도 꾸준히 독서모임을 만들어 나가고 책을 통한 자기경영의 유익을 전하고자 합니다. 좋은 사람들과 함께 긍정에너지를 나누고 공급받는 독서모임 같이 해보실까요?

3.
배우고, 실천하고, 성장하라

건강을 위해 헬스장을 등록하고 개인 PT를 받고 있습니다. 첫 수업 때 헬스장을 이용해 보셨냐고 저에게 묻길래, 대학생 때 학생회관에서 시험실방 선배와 같이 운동해 봤었고 취업해서 결혼 전 아가씨 때 이용해 본 것이 전부라고 답했습니다. 각각 20년, 10년 전이라그 당시엔 개인 PT라는 단어도, 개념도 없었다고 트레이너분께 대답하며 세대 차이를 실감했습니다.

제가 배운 학습법은 '알려주고-보여주고-시켜보고-고쳐주고' 사이클의 반복입니다. 또한, 무엇인가 새롭게 배울 때는, 늘 이 범주 내에서 배우고 익히게 되는 것 같습니다.

교회 중고등부 간사의 직분을 맡게 되면서 청소년셀프리더십 부분에 자연스레 관심을 가지고 관련 코칭 자격을 취득했습니다. 요즘 청소년들은 배우고 익히는 학습學習에 불균형이 있다고 생각합니다.

학교에서도 배우고學, 학원에서도 배우고學, 배움 뒤에 내가 무엇을 알고 있고 무엇을 모르는지 확인하고 모르는 것을 익힐 시간도 없어, 학학學學거리고 있다고 말입니다.

평생학습이라는 말이 있듯이, 평생에 걸쳐 내가 나아가고자 하는 모습과 현재의 나 사이에 있는 간극을 좁히기 위해 배우고 익히는 공부가 필요하다고 생각합니다. 조금은 더 여유를 가지고 힘을 분배하는 노력을 통해, 평생을 배우는 자세를 갖고 겸손함을 유지할 수 있을 것 같습니다.

우리는 참 많이 배우며 성장해왔습니다. "세상 살아가는 법칙은 유치원 때 다 배운다"는 말이 있는데 우리는 자라면서 세상살이 기본기 외에 엄청나게 많은 옵션도 있다는 것을 알게 되었습니다.

최근의 유행어를 알아볼까요? YOLOyou only live once, DINK족 Double income no Kid, 소확행 소소하지만 확실한 행복 등의 유행어를 통해 라이프스타일의 변화를 살펴보면, 가정과 국가라는 대의를 위해 개인의 삶을 희생하던 과거의 가치관과는 많이 달라진 것을 알 수 있습니다. 이제는 개인의 라이프스타일을 존중하고 미래의 행복을 담보로 현재를 희생하기보다, 확실한 현재의 행복을 추구하는 방향으로 변화하고 있습니다.

제 주변분들 중에는 자기계발서류의 책을 싫어하는 사람들이 종종 있습니다. 이유를 살펴보면 자기계발서의 이야기들이 잔소리처럼 들려서 싫다는 이유를 대기도 하고 "저자는 저자가 주장하는 방법으로 본인의 삶에서 성과를 냈겠지만, 나와는 맞지 않는 다른 이야기이다", "자기 자랑이 심하다", "이론과 개념만 있지 실제로 how to를 알려주는 책은 많지 않다", "책을 읽어도 내 삶은 똑같더라" 등의 이유를 들려주기도 합니다.

저 역시 자기계발서들이 말하는 혹독한 자기관리에 질렸던 적도 있었습니다. 게다가 지금은 미혼의 자유인 신분도 아니고 저의 시간을 아이들과 남편에게 공유해야 하는 처지에서 시간 관리 등의 자기관리란 엄두도 못 낼 불가능한 일처럼 느껴졌습니다.

운이 좋게도 셋째 아이 출산으로 받게 된 육아휴직을 끝내고 복직할 시점에, 요양보호사로 일하시던 시어머니께서 일을 그만두시고 세 아이의 등 하원과 살림을 도와주시게 되었습니다. 덕분에 저는 복직할 수 있게 되었고, 일과 육아 그리고 불가능의 영역이라 생각했던 자기계발 부분도 한 단계씩 도전할 수 있게 되었습니다.

아이를 키우고 직장을 다니면서 야금야금 없는 시간 쪼개어 자기계발에 투자했던 부분들이 누적되니, 처음에는 성취감을 맛보는 자기만족에 그쳤지만, 기회가 될 때마다 혹은 기회를 만들어가며 영역을 넓혀가게 되었습니다. 교회에서 정리수납 자격증 과정을 개설하고, 지인이 교육팀장으로 있는 보육원에 독서코칭을 나가고, 자기주도학습지도를 하게 되면서 더 많은 기회를 만나고 성장하는 순간을 맛볼 수 있었습니다.

지금은 정리수납 강사로서 저의 어머니뻘 되는 수강생분들을 모시고, 공간정리에 관한 기술과 함께 수강생분들의 삶을 함께 이야기 나누며, 소유물을 통한 나의 가치관을 만나고 재정립하는 시간을 보내면서 학습자분과 함께 성장하고 있는 저를 만날 수 있습니다.

또 청소년리더십코칭을 통해 아이들이 꿈을 대면할 수 있도록 연결고리를 만들어 주고 자기 주도적인 삶을 살아갈 수 있도록 돕는 역할을 하고 있습니다. 아이들의 자신감이 회복되는 모습, 도전과 패기가 넘치는 눈빛들을 마주하게 될 때 저 역시 도전과 열정을 잃지 말아야겠다는 다짐을 하곤 합니다.

자기경영지도를 위해 만나는 직장인, 자영업자, 공무원, 주부들을 만나면서 내 삶에 관한 결정도 책임도 나의 몫이라는 것을 다시한 번 되새기고, 진정한 어른이 되어가고 있음을 느끼고 있습니다. 그러면서 잊고 있었던 저의 꿈을 꺼내보게 됩니다. 오늘 하루가 여느 날과 똑같은 보통날이 아닌 의미 있는 나날로 변해가는 과정을 지켜보면서 가슴 깊은 곳에서 올라오는 감동을 맛볼 수 있었습니다.

"공부해서 남 주자"고 외치는 사람들이 있습니다. 나로부터 비롯되는 선한 영향력을 지향하는 독서포럼 〈나비〉의 슬로건입니다. 주고받는 유형에는 4가지가 있습니다. 받고 또 받고, 받고 주고, 주고받고, 주고 또 주는, 저는 이 중에 계속 줄 수 있는 사람의 자리에 서기를 원합니다. 나눌 수 있을 때 더 풍성하게 돌아오는 기쁨을 알기 때문입니다. 더 많이 나눌 수 있기를 소망하며 오늘도 내가 줄 수 있는 미소와 친절, 신뢰, 긍정에너지를 나누고자 합니다.

4.
베풀고 나누는 삶

한센병 환우들이 모여 사는 곳으로 알려진 소록도라는 섬이 있습니다. 저는 중학교 3학년 여름방학 기간을 활용해 소록도를 선교여행지로 다녀온 적이 있습니다. 부모님께서는 아직도 제가 교회 수련회를 다녀온 것으로 알고 계시지만, 사실은 봉사활동을 통해 알게 된 지역선교단체를 통해 함께 떠나게 된 선교사역이었습니다. 선교회 소속 사람들은 소록도 내에 있는 중앙교회라는 그 지역에서 제법 큰 교회에서 숙식을 해결하고, 환우들 숙소를 방문하여 함께 찬양하고 기도하며 예배를 인도하는 시간을 가졌습니다.

교회 본당에서 드리는 예배시간에 메인 반주자분께서 한 손으로 그것도 뭉뚱그려진 손가락 몇 개로 주 멜로디만 연주하는 피아노 반주에 맞춰 찬양을 불렀습니다. 다른 것은 다 희미하고 어렴풋한 기억인데 한 손으로 연주하던 반주자의 모습은 지금도 제법 선명하게 기억에 남아있습니다. 성가대며 워십팀, 악기연주자도 없는 멋스럽지 않은 찬양이었음에도 감사하며 사는 삶이 무엇인지 깨달을 수 있는 순간이었습니다.

환우들 숙소를 한 곳씩 들러서 함께 손을 맞잡고 기도하면서, 눈물과 콧물이 뒤범벅되도록 기도했던 기억이 생각납니다. 그 순간 펑펑 울면서 했던 다짐들도 생각이 납니다. 건강한 육신으로 열심히 살겠다는 다짐을 부단히 했습니다. 숙소를 돌아보며 환우분들과 이야기를 나누면서, 원망을 쏟아내고 보고 싶은 가족들을 그리워하는 속마음을 들려주신 분들도 계셨고, 덤덤하게 처해있는 상황을 받아들이고 편안해 보이는 분들도 계셨습니다.

밤이 되고 사면이 바다로 둘러싸인 소록도 바닷가 자갈마당에 앉아 밤하늘 빼곡히 박혀있는 별들을 보며 이다음에 크면 신혼여행 여기로 오면 되겠다는 생각을 했습니다. 그리고 정말 열심히 살자. 다른 이유 다 필요 없고 사지 멀쩡한 복을 누리면서 썩어 빠진 나약한 생각이나 하고 있으면 안 되겠다는 결심을 재차 했습니다. 이후 그날의 감동과 결심은 희미해졌지만, 앞으로도 그날의 다짐은 잊지 않길 소원해 봅니다.

회사에 취업해서 내가 번 돈으로 처음 월드비전 해외아동 후원을 시작했습니다. 사원 시절에는 한 아이를 후원하였고 주임으로 승진하면서 한 명 더 추가해서 2명을 후원했습니다. 대리와 과장 승진 때 또 각각 한 명씩 더하여 4명의 아이를 후원하고 있습니다. 첫 번째 후원 아동은 4살 아기 때 인연이 되어 지금 청소년이 되었습니다. 해마다 보내주는 연례아동 발달 보고서에서 만나는 아이의 사진을 볼 때마다 세월이 흐르고 있다는 걸 실감할 수 있었습니다.

고3 희망진학 학과에 사회복지학과라고 적었는데 담임선생님께서 어머니께 전화를 걸어서 부모님 의중도 같은지 물어보시기도 했습니다. 지금으로부터 거의 20년 전 그때는 사회복지 일을 한다고 생각하면 희생과 봉사 정신으로 무장해서 고생 꽤 하는 직업이라고 생각하셨던 것 같습니다. 결국, 공과대학 화학공학을 전공하게 되었지만, 아직도 비전센터설립을 장기적인 목표로 삼고 있습니다.

성인이 되어, 삶을 꾸려나가며 문득 꿈과 동떨어진 현실을 살고 있다고 생각했었습니다. 하지만 다시 생각을 고쳐먹고 보니 전 연령을 아울러 꿈과 비전을 세우는 일에 헌신하였고, 저의 비전센터는 이미 시작되었다는 것을 깨달을 수 있었습니다. 현재 세 자녀를 돌보며 이 아이들의 꿈과 비전을 세울 수 있도록 함께 성장하고 있고, 교회에서 주일학교, 중고등부, 청년부 교사를 섬김으로 아이들과 함께 꿈을 찾고 발견할 수 있는 시간을 보내고 있습니다. 또한, 장애인 복지관, 요양원 봉사, 취약계층 정리수납 컨설팅 봉사로 제가 가지고 있는 재능을 사람들과 나눌 수 있는 시간을 보내면서, 꿈에 한걸음 가깝게 다가섰음을 발견할 수 있었습니다.

저의 예전 비전센터 설립의 꿈은 현대식으로 멋있게 지어진 화려

한 건물과 알차게 구성된 프로그램을 상상했을지 모릅니다. 하지만 이제는 날마다 꿈을 생생하게 만들어 갈 수 있다는 생각을 하며, 지금 만나는 한 사람, 한 사람의 인연을 귀히 여기고 있습니다. 그분들의 살아온 이야기, 살아갈 이야기 속에서 꿈과 희망을 놓지 않고 이뤄갈 수 있도록 응원하면서, 우리가 생각하는 것보다 우린 너무 귀한 존재이고 해낼 수 있다는 것을 알려드리는 일로써, 저는 이미 꿈을 실현하고 있다고 생각하고 있습니다.

정리수납 강의를 통해서 만나 뵙게 되는 분들은 환갑이 지난 저희 친정어머니보다 연세가 많으신 분들도 있습니다. 살림을 해도 저보다 몇 곱절은 더 했을 이런 수강생분들에게 정리에 대한 스킬을 알려드리는 것이 아닙니다.

저는 내가 소유하고 있는 물건들을 들여다보면서, 내가 어떤 가치에 우선순위를 두고 살았는지 돌아볼 수 있는 시간을 갖게 도와드리고 있습니다. 그리고 물건 하나하나마다 감정과 사연이 깃들어 있다는 것을 알기에, 그것들을 비워야 할 때는 버림의 자유를 누릴 수 있도록 도와드리고 있습니다. 물건을 꼭 가지고 있다고 해서 그때의 감정과 추억을 간직하는 방법은 아님을 알려드리고, 행복했던 그리운 추억을 마음속 깊이 간직하고, 비워낸 그곳엔 현재 내가 누릴 수 있는 행복들로 채우는 방법, 또 소중한 추억을 만들어 갈 수 있는 여유로 남겨두는 것을 알려드리고 있습니다.

처음 정리수납 강의를 시작할 때는 '새파랗게 젊은 선생님이 살림을 가르쳐주면 얼마나 잘하겠느냐'라는 눈빛이 느껴져 움츠러들기도 했습니다. 하지만 지금은 수강생분들과 단순히 공간정리에 대한 자격취득을 도와주는 강사가 아닌, 인생을 정리할 수 있도록 도와드리는 강사로서 인연을 맺어가고 있습니다. 이로써 저는 한결 편한 마음을 갖게 되었으며, 상호 신뢰관계 속에서 서로 성장해 나가고 있습니다.

대개 우리는 '나눔'을 생각할 때 기부, 후원 등 물질적이고 거창한 것을 생각하기 쉽습니다. 하지만 내가 지금 가지고 있는 따뜻한 미소, 신뢰와 존중이 배어 있는 눈빛, 반가운 인사, 활기찬 에너지 등은 돈이 들지도 않고 고갈되지도 않는 것이니 무한대로 나눌 수 있다고 생각합니다. 웃을 일이 없어서 웃지 못하는 게 아니라 웃기 때문에 웃을 일이 생기는 것일 수도 있다는 말이 있지요. 그러니 베풀고 나누는 삶을 오늘도 풍성히 누리시길 간절히 바랍니다.

5.
인성이 해답이다

로버트 기요사키의 《부자 아빠 가난한 아빠》라는 책을 읽어보셨 거나 들어본 적이 있으시죠? 경제와 재테크에 관심이 있다면 부자 아빠 시리즈 중 한 권 정도는 읽어보셨으리라 생각되는데, 저는 이 책을 20대에 접할 수 있었으며, 이를 행운이라 생각합니다. 처음 이 책을 접했을 때 현금 흐름 4분면이 가장 인상 깊었습니다. 봉급생활 자Employee인 E영역, 자영업자Self-employees인 S영역, 사업가Big business 인 B영역, 투자자Investor인 I영역으로 현금 흐름에 따라 나눌 수 있다 고 저자는 이야기합니다. 종국에는 사업가와 투자가 방향으로 이동 해야 진정한 자유와 안정을 찾을 수 있다는 이야기입니다.

봉급생활자나 자영업자는 노동력을 제공한 것으로 월급과 수입 을 창출할 수 있기에, 노동을 멈추면 수입이 발생하지 않게 된다는 것입니다. 투자가의 경우 돈이 돈을 버는 시스템이니 현명하게 투자처를 발굴하고 투자를 하면 되고, 마지막으로 남은 사업가는 기업체 운영을 위해 시스템과 사람이 필수적으로 필요하게 됩니다.

좋은 시스템과 매뉴얼 구축은 컨설팅을 받고 벤치마킹을 해서라도 해결할 수 있는 부분이라 생각됩니다. 하지만 나를 대신해서 충성심과 정직함으로 무장한 내 사람을 발굴하는 것이 가장 큰 난관이 될 수 있다고 생각합니다. 비단 큰 기업체가 아니라, 작은 가게를 운영한다손 치더라도 말입니다.

사람의 인성은 각자가 가진 고유한 성품입니다. 성품은 그 사람이 살아오면서 경험한 것이므로, 제각각 다른 모양의 나이테처럼 제 몸에 새겨진 것이라 쉽사리 변하지 않습니다. 내 생각과 마음에 깊게 새겨진 고유한 특성을 변화시키기 위해 훈련한다는 것은, 살아온 세월만큼의 시간이 걸릴 수도 있다는 얘기가 될 수도 있습니다. 이에 평생의 시간 동안 바꿀 수나 있을지도 모르겠습니다. 인간이 원래 불완전하다는 전제를 두고 인성을 계발해보자 마음먹으니, 부담감이 조금 덜어지는 듯했습니다.

"세 살 버릇 여든까지 간다"라는 속담이 있지요. 즉 습관적으로 부정적인 면을 먼저 발견하고, 다른 사람보다 우위에 서려고 하고, 할 수 없는 이유부터 찾고, 감사보다는 불평과 원망이 먼저 튀어나오는 습관이 나도 모르는 사이 굳어져 있다면, 의식적으로 반복되는 훈련을 통해 평생 갈고 닦으며 고쳐 나아가야 할 숙제라 생각합니다.

제가 의식적으로 훈련하고 있는 인성개발 습관훈련 부분은 하루 한 줄 감사일기를 쓰고, 아이들에게 비난의 말이 튀어나올 것 같으면 '~ 때문에'를 '~덕분에'라는 표현으로 즉, 부정문을 긍정문으로 바꾸는 것입니다. 또 결단력과 긍정적인 자기 확신을 위해서 이루고 싶은 목표를 두려움과 염려로 걱정만 하는 것이 아니라 '할 수 있다', '더 나아지고 있다'로 확언하면서 목표를 간절히 쓰는 것으로 가시화시키는 노력도 하고 있습니다. 지금 쓰는 이 글들도 하루 한 번 "위로와 힘이 되는 글을 쓰자"라는 목표를 한 문장 쓰고 "감사합니다"를 말하면서 글쓰기에 임하고 있습니다.

4차 산업혁명으로 인해, 모든 사물에 인공지능이 탑재되고 기계가 인간의 일자리를 앗아갈 것이라는 다소 두려운 미래를 예측하는 기사나 관련 정보들을 쉽게 접하실 수 있을 것입니다. 인간만이 가지고 있는 고유한 특성인 호기심, 창의적 생각, 집중력, 소통과 공감능력 등이 앞으로 다가올 미래에 더욱 요구될 것이고, 이런 능력이 우위에 있는 사람들이 미래를 책임질 인재로 요구받게 될 것으로 생각합니다.

아이들이 커가는 것을 지켜보니 어린이집과 유치원에서 추구하는 교육도, 창의적인 인재상에서 인성이 뛰어난 아이들로 흐름이 옮겨지는 것을 느낍니다.

어떤 사람이든 살아온 세월만큼 누적시켜 특화된 고유한 특징 중에 배울 점은 분명히 있다고 생각합니다. 그게 본받을 점으로 배울 것도 있지만, 저런 부분은 따라하면 안 되겠다는 생각을 배우게 될 수도 있겠지요.

각 사람의 고유한 특성인 인성을 있는 그대로 받아들이는 것도, 또 하나의 훈련이라고 생각합니다. 관계 속에서 힘이 들 때 왜 내가 이렇게 속상하고 힘이 들어야 하는지 되돌아보게 됩니다. 이때 내가 생각하는 사람의 도리, 상식, 가치관이라는 틀을 벗어버리고 바라보게 되면, 나와 다른 상대방을 받아들일 수 없어서 그랬다는 것을 알게 됩니다. 그러나 보편적인 가치관과 도덕성을 벗어나지 않는다면, 나의 정신건강을 위해서도 내가 만든 틀을 더 넓히고 수용해야겠다는 생각이 들었습니다.

한두 번 생각을 고쳐먹었다고 해결되는 문제는 아니었습니다. 지금도 계속해서 나의 틀을 깨는 훈련을 하고 있으며, 새롭게 만나는 사람들과도 그 사람이 살아온 세월과 경험에 따라 형성된 인성을 존중하고 있는 그대로 받아들이려고 하고 있습니다.

자기경영코칭을 할 때 본인의 인성이 좀 더 발전적인 방향으로 개발되길 원할 때, 그때가 바로 인성훈련의 최적기라 생각합니다. 그 순간 강요나 강제가 아닌 스스로 변화의 첫걸음을 내딛도록, 제가 옆에서 "할 수 있다" 응원해주고 믿어주면서 피드백해주는 것이 제 역할이라고 생각합니다.

평생에 걸쳐서 나를 경영하든, 가족과 기업을 경영하게 될 때도 시스템과 사람을 필요로 하게 됩니다. 나부터 누구나 원하는 인재가 될 수 있도록 끊임없이 나만의 고유한 특성을 개발하는 것이 평생에 걸친 숙제라 생각합니다.

6.
삶의 품격을 높이는 방법

몇 해 전 푹 빠져서 본 드라마가 있었습니다. 사실 지금도 자주 유투브에서 하이라이트 장면들을 보고 또 보고 있습니다. 그 드라마의 제목은 바로 중년 꽃미남 4인방이 나오는 〈신사의 품격〉이라는 드라마입니다. 한국판 〈섹스 앤 더 시티〉라고 보면 될 것 같습니다.

신사의 품격은 개성 넘치는 4명의 남자 주인공들의 삶과 사랑을 다룬 내용이었고, 뻔한 사랑 이야기마저도 그들의 일상으로 풀어내니 어찌나 멋있어 보이고 설레던지, 주인공으로 빙의되어 함께 울고 웃으며 행복한 시간을 보냈습니다. 주인공들이 자기감정에 충실히 임하고 사랑하는 사람을 이해하고 받아들이는 과정을 지켜보는 재미를 알게 해준 드라마였습니다. 저는 신사의 품격처럼 '내 삶의 품격을 높이기 위해서, 어떤 태도를 보이면 좋을까?'라는 생각을 해본 적이 있습니다.

국어사전에서 품격의 정의를 살펴보면 '사람 된 바탕과 타고난 성품'이라고 이야기를 하고 있습니다. 타고난 성품과 인격의 바탕을 바꿀 수는 없는 것일까? 저는 바꿀 수 있다고 생각합니다. 생각을 바꾸고 행동을 바꾸고. 그 행동이 습관이 된다면 인생을 바꿀 수 있다는 말에도 공감하는 바입니다.

저 역시 사춘기가 시작되면서 나는 누구인가?라는 질문을 스스로에게 던지며, 정체성을 확립하는 시기에 넉넉하지 못한 가정형편과 능력이 출중하지 못한 제 꼴을 탓했습니다. 성인이 되어 가정을 이루어서도 마찬가지였습니다. 내 뜻대로 움직여주지 않는 남편과 아이들이 짐처럼 느껴질 때가 많았습니다. 가진 것에 감사하기보다 없는 것에 대한 원망과 불평을 달고 살았습니다.

신앙을 갖게 되면서부터 또 책을 통해 사색하는 가운데, 내 삶에 불행한 요소들에 이유를 찾고 지금의 내 모습에 대한 핑계만 대고 있다가는 아무것도 변하지 않고, 평생 내 삶의 통제권을 뺏긴 채 자유롭지 못하겠다는 생각이 들어 정신을 번쩍 차리게 했습니다. 나부터 나를 사랑하지 않으면서, 남편과 아이를 사랑할 수는 없는 노릇이었습니다.

앞서 모든 인간이 불완전하다는 것을 받아들였습니다. 부모님께 상처받았다 생각했던 일들도 그분들 역시 지금의 저처럼 불완전한 인격체였으며, 부모님께서는 최선을 다해 주어진 상황 속에서 발버둥치며 살아내셨다 생각해 보니, 마음속 깊이 앙금처럼 깔렸었던 고통과 슬픔이 조금씩 사라지는 것을 느낄 수 있었습니다. 그동안 자기연민에 빠져 상처를 꼭 끌어안고, 놓아 주지 않았다는 생각이 들었습니다.

두 번째로 나를 정죄함에 빠뜨리게 한 생각부터 바꾸기 시작했습니다. "나는 꽤 괜찮은 사람이다. 날마다 노력하며 더 나아지는 모습을 보여주고 있다"라고 확언을 나에게 들려주면서 나 자신을 사랑하는 훈련을 했고, 지금도 하고 있습니다. 내가 나를 좋아해 주지 않으면 누가 나를 좋아하며 존중해 줄까요? 저는 사람은 쉽게 변하지 않는다는 기본 전제를 거부합니다. 즉, 목표를 위한 의지와 노력을 통해 변화시킬 수 있다고 생각합니다.

불행한 생각에 빠져 허우적거릴 때, 내뱉게 되는 말들과 행동들 역시 저의 선택이었습니다. 주어진 사실관계 속에서도 어떻게 해석해서 받아들이느냐에 따라 생각을 다르게 할 수 있음에도 불구하고, 부정적이 관점에서 말과 행동을 선택해서 사용한 것입니다.

말이라는 것은 그 사람 자체라고도 볼 수 있습니다. 말이든 글이든 가려 쓸 줄 알아야 합니다. 내가 나에게 들려주는 격려의 메시지, 응원의 메시지, 긍정적인 면을 바라봐주고 내면에 들려줌으로써, 스스로 삶의 품격을 높일 수 있는 사람이라면, 주위환경과 다른 사람의 험담 앞에서도 무너지지 않고 일어서는 힘을 낼 수 있을 것입니다.

자기 자신에게 애착하는 것을 나르시시즘이라고 합니다. 이를 정신분석학적 용어로 자기애라고 번역을 하기도 합니다. 물에 비친 자신의 모습에 반하여 자기와 같은 이름의 꽃인 나르키소스 즉, 수선화가 된 그리스 신화의 미소년 나르키소스와 연관된 단어이며, 독일의 정신과 의사 네케가 1899년에 만든 말이라고 합니다.

우리는 태어나자마자 관계를 맺으며 사회성을 가진 사람으로 성장하게 됩니다. 자만심과 자신감, 자존감은 각기 뉘앙스가 다르다 느껴지실 겁니다. 우리는 사회성을 가지고 태어나 소통과 공감의 능력이 있습니다. 독야청청 나 홀로 잘 먹고 잘사는 삶이 아닌, 한 걸음 더 나아가 공존공영의 정신으로 나와 관계한 주변인들에게 나의 흘러넘치는 겸손과 감사의 자세를 갖추고 그들에게 다가가야 합니다. 그들이 높아짐과 동시에 함께하는 나도 존경과 감사를 되받는 삶이 되리라 생각합니다.

품격을 높이는 삶의 핵심이 겸손과 감사가 밑바탕이 되어야 함을 잊지 말아야겠습니다.

7.
나만의 품격으로 성공하라

첫째 딸이 초등학교 2학년 9살입니다. 친한 친구들과 어울려 놀고 있는 모습을 가만히 지켜보다가 궁금한 것이 있어서 물어보면, 첫째 딸뿐만 아니라 친구들까지 열심히 제게 설명해 주려는 모습이 예뻐 보일 때가 있습니다. 어느 날, 아이들이 방과 후 수업인 방송댄스반에서 배워 온 아이돌 댄스곡에 맞춰 연습하고 있는데, 초등학생 2학년 치고 매우 잘하길래 칭찬해 줬더니, 이 곡은 누가 제일 잘 추고, 다른 곡은 누가 제일 잘한다며 칭찬 릴레이가 계속 이어졌습니다. 친구들의 장기가 그 무리에서 공동의 프라이드로 여겨지고 있다는 것을 느꼈습니다.

어른들은 어떨까요? 속담에도 "사촌이 땅을 사면 배가 아프다"라는 말이 있듯이 내 곁의 친구가 또는 직장 동료가 더 출세하고 성공하는 것을 나의 자랑으로 기쁨으로 생각할 만큼 순수하지 않다고 느낄 때가 많습니다. 아무리 좋은 것도 내가 직접 누리고 있지 않다면 의미가 없는 것으로 생각합니다.

내 삶의 품격을 내가 만들어 나가고 챙겨주지 않는다면, 어느 누가 나를 대신해서 나를 존귀하게 대해주겠습니까? 지금이라도 내가 사용하고 있는 언어를 되돌아보고, 행실을 되돌아봐서 나를 업신여기는 언사를 바꿔야 하지 않을까 생각합니다.

회사 생활에 힘들어하는 직장 동료나 후배들과 이야기를 나눌 때면 꼭 해주는 말이 있습니다. 우리가 즐겁자고 떠나는 여행은 그 즐거움을 누리기 위해서 여행지에 대해 정보도 조사하고, 손품과 발품 팔아가며 공을 들이게 됩니다. 당연히 여행경비라는 비용을 치러야 하며, 시간도 확보해야 하지요. 이렇게 즐거움을 추구하기 위해서도 치러내야 할 비용이 들게 됩니다. 회사라는 곳은 나에게 회사와 사회에 공헌할 기회도 부여해 주면서 월급도 주는 곳으로써, 나를 기쁘고 즐겁게 해달라고 원하는 것은 불공정한 거래라고 이야기합니다. 즉, 돈 받은 만큼 나의 통제권인 자유를 버려야 하는 곳이 바로 회사입니다.

그렇다고 인생 포기하듯 '원래 그런 곳이구나' 받아들이고 순응해 살면 사육당하는 것과 다를 바 없다고 생각합니다. 팩트는 기억하되, 그래서 나의 삶에 대한 통제권을 확보하기 위해서 자본주위 사회에서 어떻게 나를 먹여 살려 나갈 것인지, 끊임없이 고민하고 도전하고 부딪혀 봐야 한다고 생각합니다.

돈은 벌어야 하기에 '시간적인 자유를 만끽하면서, 적게 일하고 많이 버는 방법은 없는가?' 하는 고민을 해보게 됩니다. 그리고 이 고민의 시작이 지금의 저로 변할 수 있도록 만들어 주었습니다.

아직도 전세살이하고 갚아야 할 대출금이 있지만, 마음과 생각은 이미 부유하다는 느낌을 계속 누리며 살고 있습니다. 행복은 생생하게 느끼는 것으로 생각합니다. 지금을 희생해가며 미래의 행복을 꿈꾸는 것이 아니라 오늘 지금 바로 이 자리에서 행복을 느껴야 합니다. 그러기 위해서는 감사하는 마음을 갖는 습관이 필요합니다.

아침에 눈을 뜨면서부터 감사하는 마음은 시작됩니다. 자연계가 주는 충만한 에너지를 내 몸 가득 채우는 것, 출근길에 듣는 라디오 노래를 들으면서도 이렇게 건강하게 출근할 수 있는 몸과 내가 필요한 일터가 있다는 것, 대중교통이라는 편리한 수단이 나를 편하게 출근시켜준다는 것까지 감사하게 생각합니다. 이렇게 하나하나 감사하는 습관이 생기면서 제 언어와 행동이 단속되고 있음을 느낄 수 있습니다. 또한 감사할 일들로 인해 하루하루도 더 흥미진진하고 기대를 하면서 시작할 수 있게 되었습니다.

성공이란 연령대와 가치관에 따라 주관적인 견해로 정의 내릴 수 있습니다. 또 흔히 결과도 중요하지만, 그 못지않게 과정도 중요하다는 성공의 이야기도 들어 본 적이 있을 겁니다. 안전한 학교 밖 울타리를 벗어나 세상에 첫발을 내디딜 땐, 나만의 성공에 대한 정의가 없어 어떻게 무엇을 해야 하는지 생각해보지 못했습니다. 당연하게도 그 시절은 성공의 정의를 알아가기 위한 시기라고 생각합니다. 치열하게 고민하고 도전하면서 삶의 방향과 목적을 찾아야 하는 그 시기가, 20대 삶을 넘어 40을 바라보고 있는 지금도 계속 이어지고 있습니다. 불혹의 40대에는 세상일에 정신을 빼앗겨 판단을 흐리는 일이 없게 되기를 희망해보며, 온몸으로 체득하고 깨달아 더욱 현명해지고 싶습니다. 스트레스나 걱정은 한 치 앞을 예측할 수 없는 불완전한 존재이기에, 여러 가지 선택지 앞에서 최고의 선택을 하기 위해 겪게 되는 필수요소라 생각합니다.

내 삶의 품격을 높이기 위해, 또 내가 정의한 성공에 이르기 위해 몸소 체득한 경험과 깨달음, 현인들의 지혜와 통찰력이 담긴 책을 가까이하고자 합니다. 복잡한 과정을 기꺼이 즐겁게 받아들이기 위해, 그리고 겸손과 감사의 하루하루를 보내기 위해, 오늘도 책을 읽고 감사를 표현하며 겸손히 낮아지려고 합니다.

PART 4

슬기로운 삶

하루하루 반복되는 일상이라고 생각했는데 벌써 한해를 마무리하는
이 시점에서 되돌아보니 참 많은 일들이 벌어졌고 미래를 지혜롭게
개척해나가고 있구나 하는 생각이 문득문득 들 때가 있습니다.
반복되는 일상에 매너리즘에 빠지기 쉬운 현시대를 살아가는 우리
들에게 던지고 싶은 메시지입니다. 나의 일상의 기록, 정보 위에 통
찰과 영감이 모여 새로운 미래를 창조할 수 있는 것임을 말입니다.

1.
어떻게 공부해야 하는가?

요즘 제가 배우는 재미에 푹 빠져있는 것이 피트니스입니다. 전문가 선생님의 도움을 받아 밸런스를 맞추고, 자극 부위와 근육의 성장 이론을 배우며, 실제로 훈련에 임하고 자세를 교정받으면서 꾸준히 반복하니 체력이 좋아지고 있습니다. 물론, 근력이 늘어나는 것을 수치로 확인할 때의 기쁨도 아주 좋습니다. 욕심내지 말고 1주일에 3번만 가자고 스스로 다짐했는데, 퇴근 후 정말 급한 일이 아니라면 운동을 꼭 하고 귀가하고 있습니다. 또한 주말에 잠시라도 짬이 나면 헬스장으로 향하고 있는 저를 발견할 수 있습니다.

또 다른 배움의 즐거움을 느끼고 있는 것이 영어공부입니다. 어릴 적 유행이었던 '펜팔'이 생각납니다. 중학생 시절 저도 편지로 외국인 친구를 사귀기 위해, 영어로 열심히 편지를 써서 주고받았던 기억이 납니다. 지금은 스마트폰으로 손쉽게 전 세계 사람과 소통할 수 있다는 것이 놀라울 따름입니다. 그 당시 펜팔을 통해 새로운 언어를 배울 수 있었고, 실제로 편지가 소통의 도구로 사용된다는 것이 너무 재미있었습니다. 고등학생 시절에는 〈굿모닝팝스〉라는 라디오프로그램에서 교내 굿모닝팝스 스터디동아리를 만들었다는 사연이 소개되었던 적도 있습니다. 스터디동아리 이름이 '영어야 까불지 마라. 굿모닝팝스' 줄여서 〈영까마GMP〉라고 불렀습니다. 자발적으로 팝송을 활용해 영어스터디를 해보겠다고 스터디그룹을 꾸려 모인 학생들이 기특하셨는지, 영어 선생님께서 직접 참석하셔서 지도해주시기도 하셨습니다. 이처럼 정말 순수하게 좋아했던 영어인데, 언제부턴가 저는 외국인 앞에서 꿀 먹은 벙어리처럼 입을 꾹 다물고 있었고, 행여 말이라도 걸어올까 봐 심장이 두근두근 미친 듯이 뛰는 영어 울렁증이 생겨버렸습니다.

저희 부서는 외국인에게 전화 올 일이 거의 없습니다. 하지만 언젠가 한번은 인도에 있는 원료제조원에서 직장동료를 찾는 전화가 왔습니다. 동료를 찾는다는 것은 알겠는데, 잠시만 기다려달라는 그 말 한마디를 못 하고 당황한 나머지, 조용히 전화를 끊은 적이 있습니다. 전화를 끊고서 분명 다시 전화가 올 것 같아 잠시 자리를 피하기까지 했습니다. 이쯤이면 정말 심각한 것이죠?

또 한 번은 캐나다 연구진들과 공동 연구를 수행한 적이 있습니다. 대부분 텔레컨퍼런스로 연구중개를 해주는 한국 대리인이 통역을 해주기 때문에 큰 어려움 없이 진행할 수 있었습니다. 실험에 오류가 생겨 시시비비를 가리고 추가 비용처리에 대한 협상을 진행하는 중에, 추가 비용을 얼마나 할인해 줄 수 있는지 나눈 대화를 요약해서 미팅 내용을 메모해두었습니다. 생각보다 할인을 많이 해줬다 생각했는데 팀장님께서는 얼마 안 해준다고 불평하셨습니다. fifteen과 fifty를 구별을 못 해 전 50% 할인이라 많이 해준다 생각했는데 실제로 나눈 대화는 15%였습니다. 이쯤 되면 업무에도 지장이 있을 정도로 내 영어 실력이 위험 수준이구나 판단하고 어떻게 학습해야 할지 고민을 했습니다.

처음엔 전화영어를 시작했습니다. 레벨테스트를 하고 수준에 맞는 교재를 준비하고 안부를 나누는 기본 대화 시간을 가지는데 매번 바빴다로 저의 안부를 반복해서 말했습니다. 딱히 바쁘지 않은 날도 바쁜 것으로 말했습니다. 전화로 대화를 나누는 동안 내가 하고 싶은 말을 빨리 번역하기 위해서, 통화용인 스마트폰 외에 태블릿PC까지 사서 옆에 두고, 병렬로 질문을 듣고 말하고 싶은 것을 번역해 가면서 진행했지만, 눈에 띄는 성과를 맛보지 못해 다른 방법을 알아보기도 했습니다. 개인 과외를 받아볼까?, 시원스쿨, 야나두 등 광고로 접해 본 적 있는 것으로 인강을 들어볼까? 생각해봤습니다. 하지만 유튜브만 해도 양질의 학습 동영상이 많은데 시간 내서 들여다보질 못하니, 결제만 하고 이내 흐지부지될 게 뻔했습니다.

그러던 차에 3P자기경영연구소 마스터코치 과정을 진행하게 되었고, 같은 기수 마스터코치 동기분들 중에 영어학습에 고민을 하는 선생님들과 '한글로 영어'라는 학습도구로 공부해보자고 의견이 모여졌습니다. 방법은 하루에 10분씩 아침, 저녁으로 영어 읽기를 녹음해서 대화창에 인증하는 것으로써, 일단 100일만 해보자고 이야기가 되었습니다.

그렇게 정확한 영어발음으로 까이유, 이솝우화, 동화책 3권을 2페이지씩 각 문장을 5번씩 발음에 신경 써서 읽기 시작한 것이, 오늘로 벌써 4번의 100일 프로젝트를 끝내고 50일째입니다. 제가 습관으로 잡은 시간은 아침 출근해서 1순위로 '한글로 영어'를 학습하고, 점심 후 1순위로 '한글로 영어' 미션을 끝내놓습니다. 이제는 한글을 아는 첫째, 둘째 아이도 원어민 수준의 정확한 발음으로 영어 문장을 읽을 수 있는 훈련을 같이하고 있으며, 이를 통해 영어에 대한 자심감을 키워나가고 있습니다.

어려서 배운 자전거를 한동안 타지 않았음에도 불구하고 다시 타게 되었을 때, 별다른 어려움 없이 타게 되는 것을 경험해 본 적이 있을 겁니다. 몸으로 배우고 익힌 것은 쉽사리 잊혀지지 않고 몸에 각인되어 있기 때문일 것입니다.

정규과정에서 배운 공부 말고 세상에 나와보니 돈 버는 법, 사람 상대하는 법, 사람의 마음을 얻는 법 등 학교에서 배우지 않은 '인생 공부'라는 것이 있었습니다. 어떻게 공부해야 하는지 연구하기에 앞서, 왜 공부해야 하는가를 먼저 자문자답해봐야겠다는 것을 느꼈습니다. 학창시절에는 "왜?"라는 물음 없이 익히기도 전에 새로운 정보가 계속해서 꾸역꾸역 주입되기만 했습니다. 그것을 익힌 뒤에 아웃풋을 낼 수 있는 곳이 시험 답안지뿐이었습니다. 단순 사실관계 정보나열과 기술적인 테크닉을 뛰어넘어 내 안에서 새롭게 가공하고 능숙하게 익히는 과정 중에서 노하우와 통찰이 더해지게 됩니다. 이렇듯이 우리가 살아가는 동시대 사람들에게 유익이 되는 나만의 공부가 필요하다고 생각합니다.

나는 어떤 사람이고 어떤 소명을 가지고 살아가야 하는지, 그러기 위해서 무엇을 해야 하고 어떤 것들을 배우고 익혀야 하는지를 고민하는 것이 공부에 앞서 선행되어야 할 일입니다. 배우고 그 배운 것을 익혀나가는 연습을 통해 급격하게 변화하는 세상에서 내 삶의 방향성을 가지고 나만의 길을 개척해 나갈 수 있을 것입니다.

2.
지식보다 지혜

한국정리수납협회 소속 정리수납 강사가 되기 위한 과정은 여느 민간 자격증을 취득하는 것보다 꽤 오랜 시간이 소요되었고, 몸으로 익히는 훈련과 정신수양까지 요구하는 힘든 과정이었습니다. 입문단계와 같은 수납전문가 2급 과정은 주거영역 전반에 걸친 정리수납 원칙을 배우고, 내 집을 대상으로 정리수납을 실습해서 before/After 사진을 제출하고 필기시험도 치러야 자격 취득이 가능합니다. 다음 심화 단계인 수납전문가 1급 과정은 정리수납컨설턴트의 총괄을 맡을 수 있는 역량을 강화하는 과정으로써, 이론 수업과 함께 8시간씩 3일간에 걸친 실제 컨설팅 현장 교육을 받는 과정도 포함되어 있습니다. 예비고객 가정을 선정하는 것은 조원 중에서 뽑는 경우가 대다수입니다.

2급 과정에서 실습처였던 내 집 정리야 내 마음 내키는 대로 하면 되는데, 1급 과정 중에는 익숙지 않은 실제 컨설팅 현장에서 정리수납 컨설팅을 해야 한다고 생각하니, 고객 만족을 위해 생각해야 할 것들이 많았습니다. 고객이 오른손잡이인지? 왼손잡이인지?에 따라 컵의 손잡이 위치 결정부터 시작해 옷걸이 방향까지 디테일하게 고려해야 했습니다. 이렇게 현장실습까지 마치고 나니 정말 팀을 이뤄서 당장에라도 컨설팅을 할 수 있을 것 같았습니다. 실제로 많은 수강생분께서 1급 과정 중 마음에 맞았던 조원들과 함께하든, 혼자서 시작하든 부분 영역을 설정해, 큰돈 들이지 않고 명함 맞추고 전단지 광고를 통해 수납컨설팅을 시작합니다.

수납전문가 1급 과정 이후에 드디어 강사과정에 입문하게 되면, 2급 강의 교안을 전국 어느 지역 어느 강사에게 들어도 핵심내용이 그대로 전달될 수 있도록 교안을 다시 공부하게 됩니다. 선배 강사님의 강의도 청강을 들어야 하며 필수코스로 포함되어 있습니다. 실제 교육 현장에서 어떻게 강의 되고 있는지 배우는 학생의 입장이 아니라 가르치는 입장에서 도입과 끝맺음은 어떻게 하는지, 어느 시점에 적절한 질문을 던지는지, 수강생분들과 어떻게 소통을 하는지 등을 통해 선배 강사님들의 노하우와 지혜를 배울 수 있었습니다.

조별로 따로 모여 조원들 앞에서 강의 시연을 하면서 피드백도 받고, 더 좋은 예시와 사례에 대해 스터디하기도 했습니다. 협회장님과 지도 선생님들 앞에서 강의 시연하고 평가받는 순간을 잊을 수 없습니다. 나름 사회생활하면서 과제 발표와 학회 발표할 기회도 많았는데, 발표 당일 동기 선생님들의 떨림이 고스란히 전이되어 함께 덜덜 떨면서, 순서가 다가올 때마다 점점 떨림이 고조되는 것을 느낄 수 있었습니다. 전체 과정을 통틀어 그때가 제일 떨렸고, 넘어야 할 높은 산처럼 다가왔습니다. 2급 과정부터 강사 과정까지 연속으로 바로 다음 과정을 거치면서 수료했음에도 불구하고, 다해서 약 9개월의 시간이 걸렸습니다.

강사 자격을 취득하고 수납 2급 전문가 자격증 과정을 4차례 개설해 진행하면서, 단순히 정리수납의 원칙, 수납 기술을 정보로써 전달하는 강의보다 왜 이 과정을 신청하게 되었는지, 영역마다 문제점이 무엇이라 생각하는지 자문하고 있습니다. 이처럼 저는 나만의 소유기준을 정하고 불필요한 것을 들이지 않는 주도권을 되찾는 결단을 하는 시간을 꼭 가지고 있습니다. 매 수업마다 공부의 신 강성태 님의 공부법 중 하나인 백지장에 오늘 배운 내용을 떠올리며 복습하는 시간도 가짐으로써, 오늘 배운 것을 내 것으로 만들고 깨달은 점과 당장 실천하고 싶은 부분도 결단하도록 도움을 드리고 있습니다.

수업 회차가 거듭 진행될수록 수강생분들끼리 서로 경험하고 느낀 점을 서로 나누고 몸소 깨닫게 된 좋은 아이디어도 나누면서 노하우가 쌓이고 있습니다. 수강생분들이 정리수납의 기쁨을 순수하게 만끽하고 계신다는 것이 느껴져, 강사로서 그리고 코치로서 뿌듯하고 자부심을 느끼게 되는 순간이 많습니다. 힘들었던 훈련의 과정들이 지금은 달게 느껴질 때가 많습니다. 기술전수를 위한 정보전달자를 뛰어넘어 수강생분들과 소통하며, 서로가 서로에게 배움을 나누면서 행복과 기쁨을 충만하게 만들어가는 관계로 이어지고 있음에 감사합니다.

눈에 보이는 공간정리에 이어 눈에 보이지 않지만 중요한 부분인 시간관리, 목표관리, 정보관리 등의 자기경영에 대한 부분을 배우고 싶은 갈망이 생겨 알아보던 중 3P자기경영연구소를 알게 되었습니다. 한국정리수납협회에서 진행했던 수납2급에 해당하는 과정이 3P자기경영연구소에선 셀프리더십 프로과정이었습니다. 수납1급에 해당하는 과정은 셀프리더십 코치과정으로 비유할 수 있고, 강사과정에 해당하는 과정은 3P마스터코치 과정입니다.

3P자기경영연구소의 프로, 코치, 강사과정까지 자격인증을 거쳐 수료하기까지는, 단계별로 자격 인증을 위한 미션들이 많았습니다. 회사업무와 살림, 육아를 병행하면서 수행하기에 절대 만만치 않았지만, 내 업무에서 또 나의 지인을 시작으로 선한 영향력을 끼쳐 나갈 수 있었음에 보람을 느끼며, 또 내 삶이 나아가야 할 방향성을 찾게 해준 귀한 시간이었습니다.

우리는 수많은 경험을 하며 살아왔고 또 살아갈 것입니다. 내가 경험했던 경험치 위에 다른 사람들과 소통할 수 있는 어진 마음이 들어가고 내 삶에 끼친 영향에 대해 나눌 수 있다면 이것이야말로 살아있는 지혜라고 생각합니다.

앵무새처럼 만들어 놓은 원리와 이론을 전파하는 전달자에서, 지금 저는 내 경험과 내 삶에 끼친 영향과 그때의 감정을 소통을 통해 전달하며 살고 있습니다. 중고등부 친구들과 대화를 나누어도, 청소년셀프리더십 코칭으로 만나게 된 제자들과도, 강의 수강생으로 만나게 되는 인연들도 모두 다 저에겐 귀합니다. 그리고 그들의 삶의 이야기에 담겨 있는 살아 있는 지혜를 저도 배우고 함께 나누고 싶어집니다.

저의 살아온 인생을 보면 학급대표를 맡고 학생회장을 하고 모임 만들기를 좋아하는 등 외향적인 성향으로 보이지만, 사실은 혼자 책을 읽으며 사색하고, 말씀을 묵상하는 혼자만의 시간 속에서 에너지가 충전되는 타입입니다. 사실 낯도 많이 가렸습니다. 예전에는 사교성 좋아 보이는 연기로 밝고 쾌활한 척을 했다면, 이제는 허울을 벗어내고 진실 되게 마주하여 그 사람의 살아온 인생을 함께 나누고, 또 앞으로 함께 성장해 나가고 싶은 마음이 듭니다.

많은 정보와 지식이 하루에도 끊임없이 쏟아지고 있는 현실입니다. 아무리 좋은 정보도 내 삶에 적용해서 영향을 끼치지 않는다면 공염불로 끝나버리겠지요. 살아있는 지혜를 오늘도 만들어 간다는 생각으로 놓쳐버리기 쉬운 생각도 붙잡아 기록으로 남기고, 또 오늘 경험하게 되는 매 사건, 매 순간에 집중하면서 느끼게 된 바를 기록하고 있습니다. 오늘의 새로운 기록이 기존의 정보들과 융합하고, 이를 가공해서 살아있는 지혜로 나눌 수 있는 삶이 되길 소망해봅니다.

3.
공부해서 남을 주자

"공부해서 남 주니? 다 너 잘되라고 하는 말이잖아!"

학창시절 한 번쯤은 부모님 혹은 선생님께 들어봄 직한 말입니다. 저는 다 큰 성인이 되어 독서포럼 〈나비〉에서 "공부해서 남을 주자"는 말을 처음 들어봤습니다. 그리고 슬로건으로 박수 구령과 함께 외치기까지 했습니다.

'Non SIBI'는 라틴어로, Not for one's self 나만을 위해서가 아닌란 뜻입니다. 미국의 메사추세츠 주에 있는 훌륭한 사립고등학교에 속하는 Philips Academy의 중요한 모토가 되는 라틴어입니다. 자신만을 위한 공부, 자신만을 위한 인생이 아니라 이타적인 삶을 살겠다는 의미입니다.

우리는 이타적인 삶을 살다간 많은 위인을 책을 통해 만나볼 수 있습니다. 저의 눈으로 보고 만지고 함께 대화 나눌 수 있는, 이타적인 삶을 살아가는 대표적인 인생 멘토가 두 분 계십니다. 그분들은 "공부해서 남을 주자"는 표어를 열심히 외쳐주시는 3P자기경영연구소 강규형 대표님과 '12월의 영광'이라는 입시학원을 운영하시는 한수민 원장님이십니다. 책을 통해서 또 인터넷 커뮤니티 카페 게시글을 통해서 반하게 된 사람을 만나뵙고 싶어 강의를 신청한 적은 저도 처음이었습니다. 그만큼 그분들을 알고 싶었지요.

《성과를 지배하는 바인더의 힘》과 《독서 천재가 된 홍팀장》 책의 저자 강규형 대표님은 책을 통해 25년 이상에 걸쳐 개발한 성공 매뉴얼을 아낌없이 나눠주시고 타인의 성장을 돕고 계신 훌륭한 분입니다. 강규형 대표님을 만나고 본격적인 서성미의 자기 주도적인 삶이 열리는 경험을 했습니다. 자기경영을 통해 성과를 내고 이제는 저 역시 타인의 성장을 돕고자 코치로 활동하고 있습니다. 한번은 함께 코칭 과정을 거친 수강생분의 성장 스토리와 수강생분이 주위에 끼치고 있는 선한 영향력이 너무 감격스러워 강규형 대표님께도 이야기를 전달드렸더니 "서성미 마스터님의 열매가 다른 사람 나무에서 열리는 기쁨을 맛보셨군요"라고 말씀해주시며 든든한 격려를 해주셨습니다. 저는 그때 그 어떤 칭찬과 응원의 말보다 가슴 벅차게 다가왔습니다.

처음 책의 저자를 직접 만난다는 설렘으로, 강의장으로 가던 기억이 아직도 생생합니다. 강규형 대표님의 살아온 이야기를 직접 듣고, 세월의 흔적이 고스란히 묻어 있는 대표님의 바인더를 직접 구경하고, 오픈된 집무실에 들어가서 씨앗이 된 도서들과 그동안 매뉴얼을 구축하시면서 기록관리해온 서브바인더를 직접 펼쳐볼 수 있었던 것, 저는 마치 판도라 상자를 열어 보물지도를 펼쳐보는 기분이었습니다. 내가 정말 너무나 만나뵙고 싶었던 저자분을 직접 만났고 대화를 나눴고 집무실과 그분의 바인더를 들여다볼 수 있다는 것이, 실제 상황에서도 그곳에 내가 있다는 것이 믿기지 않았습니다. 8시간의 긴 강의가 끝나고 뒤풀이 겸 대표님과 QnA 시간을 통해, 현실에서의 어려움에 대한 이야기들과 여기까지 오게 된 다른 분들의 사연도 들을 수 있어서 값진 시간을 가졌습니다.

저의 롤모델이신 또 다른 멘토님 한수민 원장님은 앳되고 동안의 얼굴을 한 미인입니다. 저보다도 나이가 더 어리시지만, '어떻게 젊은 나이에 저런 통찰력을 얻을 수 있었을까?' 이런 존경심이 절로 생기게 만드는 카리스마를 내뿜는 분이기도 합니다. 어렵고 힘들었던 과거와 지금 최상위 부자대열에 오르기까지 7년의 시간 동안 양극의 세계를 모두 경험하며 생생하게 기억하고 있고, 또 리얼하게 체험하고 있기에 평균의 사람들이 생각하는 고정관념에서, 조금 다른 관점으로 볼 수 있는 눈을 키우고 미지의 세계에 겁먹지 말고 한 걸음만 더 내디딜 수 있게 용기를 주고, 언제든 고민을 토로하면 "할 수 있다"고 하시며 저보다 더 저의 능력을 믿어주시고, 끌어내주시는 저의 멘토님이십니다.

사람들은 왜 궁극적으로 부자가 되고 싶어 하고 성공하고 싶어 하는지 생각해 봤습니다. 저 자신에게 그 부분을 자문해보니, 결국 행복해지고 싶어서였습니다. 사랑하는 가족과 함께 많은 것을 누리 며 좋은 경험을 하고, 억울한 일을 당하지 않고 구속받지 않는 삶을 살고 싶어서 말입니다. 그리고 선한 일을 하기 위해서라도 많이 벌 고 싶은 욕심이 있습니다.

아는 지인 중에 보육원에서 교육팀장으로 근무 중인 선생님이 계 십니다. 청소년리더십 코칭 과정을 수료한 뒤에 아이들 독서지도와 학습설계 등 자기 주도적인 삶을 살 수 있도록 함께해달라는 요청이 들어와서, 과정을 함께 수료한 5명의 마스터코치 선생님들과 함께 조를 이뤄 코칭을 시작했습니다.

각 조원 아이들은 5~6명으로 구성되어 있고, 학년은 중1에서 고 3까지 다양했습니다. 우리가 왜 자기 주도적인 삶을 살아야 하는지 에 대한 부분과 실질적인 시간이라는 자원을 경영하는 방법에 대해, 새로운 정보를 어떻게 정리하고 어떤 방식으로 학습 플랜을 세울 것 인지에 대해서도 이야기를 나누었습니다.

그동안 선생님들의 지도로 독서모임도, 셀프리더십 과정도 많이 참여하고 학습받았던 터라 이해하는 속도도 빠르고 실습도 곧잘 따 라왔습니다. 50일 프로젝트로 수행하고 수료하는 날, 성과발표를 겸 한 1박 2일 여행까지 겸하면 좋겠다는 생각이 들었습니다. 함께 코

청을 하는 선생님들께 제안하니 좋은 것은 알겠는데 일단 비용부터 걱정하십니다. 물론 저도 걱정되었습니다.

그런데 '불가능하다'라는 생각은 들지 않습니다. 저도 제가 무엇을 믿고 있는지는 모르지만, 후원을 받거나, 정 안 되면 저라도 있는 돈을 다 털어서 준비하면 될 것 같았습니다. 뒷일 생각하지 않고 저지르는 것이 제 성격이기도 하지만, 어떻게 보면 좋지 않은 이런 성격도 좋은 일 하는 데 있어서는 그래도 된다고 합리화를 시키고 있었습니다.

내가 가지고 있는 것부터 조금씩 나누기 시작하는 삶을 살게 되니, 하고 싶은 일의 목록이 늘어나고 있습니다. 해야 할 일이 있고 하고 싶은 일이 많은 제가 항상 열정이 넘치고 지치지 않고 계속할 수 있는 힘이 바로 나눔의 기쁨을 맛보았기 때문입니다.

이렇게 공부해서 남 주는 방법은 가까이 있는 가족, 친구, 동료, 이웃에서부터 시작할 수 있습니다.

블로그를 통해 오늘 책을 읽다 깨닫게 된 바를 글로 남길 수도 있고, 일이 익숙하지 않은 후임에게 다정하게 알려줄 수도 있으며, 가족과 함께 오늘의 일상을 나누는 가운데 감사할 일은 없었는지? 인상 깊게 남은 일은 없었는지를 서로 나누면서도, 스스로 대화 속에서 깨달음을 발견해나갈 수도 있는 일입니다.

나누는 삶의 기쁨을 날마다 누릴 수 있는 삶이 되기를 축복합니다.

4.
세상을 보는 눈

눈을 '마음의 창'이라고 이야기합니다. 또 고정관념이나 주관적인 생각을 가지고 타인을 들여다볼 때 "색안경을 끼고 본다"라는 이야기도 있지요. 우리가 살아가는 세상을 바라보는 나의 시각이 어떠한지 생각해 보신 적 있으신가요?

전 제 삶이 바빠 주변의 일과 사람들에 대해서는 무관심한 태도로 살아왔습니다. 이런 저의 무심한 성격 탓에 제일 상처를 많이 받은 사람은 관심과 사랑을 받아야 하는 가까운 가족이 될 수 있습니다. 한집에서 살면서 서로 배려하고 조심하면서 생활해야 하는데, 남편과 아이들이 불편을 호소하는 부분도 제 방식대로 습관처럼 계속 행동하고 있어 몇 번을 부딪쳤는지 모릅니다. 예를 들면 남편보다 살집이 더 붙은 제가 양말을 양말통에서 잡히는 대로 신고 외출 준비를 합니다. 남편은 양말이 발에 꼭 맞게 타이트한 것을 좋아하는데 제가 신으면 늘어난다고 싫어합니다. 그렇게 본인 양말은 신지 말아 달라고 몇 번이나 부탁하면 저는 1~2주는 신경쓰다가, 다시금 예전처럼 손에 잡히는 대로 신고 나가버립니다. 이 일은 결혼 생활 내내 반복되었지요.

이 대목에서 저는 저의 인성이 그래도 중상은 되는 사람이겠거니 생각했는데, 착각이었다는 것을 깨닫게 되었습니다. 제 기준에서는 검은색과 회색, 흰색 무채색 계열의 발목 양말은 모양도 똑같은데 어떻게 일일이 구분할 수 있느냐입니다. 아무리 제 발이 통통하다 한들 사이즈도 비슷한데 늘어나 봐야 얼마나 늘어난다고, 저 유난을 떠는지 모르겠다는 반발심이 올라올 때도 있었습니다. 양말만의 문제가 아니라 가끔은 티셔츠도 바지도 잡히는 대로 입는 저의 무심함은 생각지도 않고 말입니다.

배려하는 마음을 일일이 챙기기 힘들다면 부딪히는 일을 줄일 수 있는 시스템을 만들자 생각이 들었습니다. 이에 남편이 저에게 정중하게 부탁했던 부분을 고려해, 지금은 양말 서랍 통에 구획을 나눠 남편 양말과 제 양말을 구분지어 놓았습니다.

이처럼 내가 한계를 그어놓은 상식의 범위와 타인의 상식의 범위가 다를 수 있습니다. 세상을 바라보는 관점 역시 내가 가지고 있는 세계관과 가치관에 따라 같은 사실관계도 어떻게 해석하고 받아들이느냐 다를 수 있는 것입니다.

제가 세상을 바라보는 세계관은 기독교적 관점으로 창조된 세상을 믿으며, 인간은 불완전한 존재라는 전제를 가지고 세상을 바라봅니다. 인간의 몸을 하고 나를 구원하러 오신 예수님은 죄도 없으신 분이 온갖 고초를 당하시고 십자가에 달려 피 흘리시기까지 죄인인 나를 사랑해주시고 나의 죄를 대속해 주셨습니다. 그렇기에 사람과의 관계에서 오는 어떤 불편함과 어려움이 생기더라도, 나의 의로움이 뭐라고 내가 용서 못 할 사람이 어디 있으며, 나 잘났다고 우길 것이 뭐가 있단 말인가 하고 생각합니다. 이렇게 생각하게 되면 나의 의를 주장할 것이 없게 됩니다.

　또한, 다른 세상을 보는 눈을 제가 추구하는 가치관을 토대로 바라보게 됩니다. 인간이 인간다워야 하는 인간성을 중시하며 이타적인 가치관을 중시합니다. 기독교를 믿기 전에는 홍익인간 정신을 계승시켜야 할 이념으로 생각했습니다. 널리 사람을 이롭게 하라는 말이 참 멋지고 훌륭하다 생각했습니다. 그리고 저도 그렇게 살려고 마음먹고 신념처럼 행동했습니다.

　우리가 중요시 생각하는 가치에는 사랑도 있을 수 있고 효도, 우정, 자기애, 돈 등 다양하게 많을 것입니다. 나는 어떤 가치를 중요시하여 우선순위에 두고 생각하고 행동했는지 생각해볼 필요가 있습니다. 내 행동의 결과는 내 생각을 반영한 것일 테니까요.

　타인의 세계관과 가치관을 들여다보면서 식견을 넓힐 방법 중에 손쉬운 방법이 독서라고 생각합니다. 독서를 통해 나의 롤모델의 가치관을 알아가는 재미도 있고, 존경받는 위인들의 삶 속에서 어떤 가치를 우선으로 하여 행동했기에 시대를 초월하여서도 존경받는지 알 수 있습니다. 그러다 보면 내 생각이나 내가 바라보는 세상과 다른 관점으로 현시대를 들여다볼 수 있는 안목도 생기고, 생각해왔던 상식의 틀이 깨지고 확장되는 것을 느낄 수 있을 것입니다.

책을 통한 만남도 세상을 바라보는 시각을 넓혀주지만, 새로운 사람들과의 만남과 대화 속에서도 내가 알지 못하는 분야의 관점으로, 세상을 바라볼 수 있도록 간접경험을 시켜주기도 한답니다. 책이 저자가 사는 세계에서 저자와의 만남이라고 한다면, 새로운 다른 사람들과의 만남과 대화는 생생하게 듣고, 또 말하며 배울 수 있는 이웃과의 만남입니다.

"우물 안 개구리"라는 말이 있듯이 늘 반복되는 일상과 활동 영역에서만 갇힌 채 좁은 범주의 단편적인 세상만 들여다보지 말고, 색다른 모임과 시대를 초월하는 독서를 통해서 풍부한 경험을 하고, 다양한 관점으로 다각화된 세상을 들여다보는 재미를 느껴보는 건 어떨까요?

다양한 관점에서 현상을 들여다보고 해석도 달리해보면서, 사람과 소통하는 법을 알게 되고 서로 공감대를 형성해 위로와 힘을 실어줄 수 있는 사람이 되는 삶을 추구해보면서, 오늘도 독서와 사람과의 대화에서 배울 수 있는 다른 관점을 발견해보려 합니다.

5.
실패에서 배우는 지혜

우리는 살아가면서 많은 일들 가운데 기쁨과 행복을 느끼고, 성취감을 느낄 때도 있으며 반대로 후회하는 일 미련이 남는 일 등 무수히 많은 일을 겪어 왔고 또 마주하게 될 것입니다.

공자는 "똑똑한 사람은 자신의 실수를 통해서 배우고, 지혜로운 사람은 타인의 실수를 통해 배운다"고 말했습니다. 내가 저지르는 실수를 통해서도 잘못을 뉘우치고, 같은 실수를 하지 않으리라 돌이켜보고, 다짐하고, 극복하려는 방편을 마련하면서 지혜를 쌓아갈 수 있지만, 더 지혜로운 사람은 실수를 미연에 방지하고 타인의 실수를 통해서 깨달음을 얻고 통찰력과 자제력을 키울 수 있다고 해석했습니다.

저는 38년 인생을 살면서 손에 꼽을 정도의 실수가 세 가지 있습니다. 하나는 고등학생 시절 신앙생활을 두고 아버지와 말다툼이 있었고, "집 나가서 교회 가면 먹여주고 입혀주는지보라"는 아버지께 오기를 부리며 교회에 기거하겠다고 짐을 싸서 집을 나갔던 일이 있습니다. 그 날 저녁 어머니의 만류로 다시 잘못을 빌고 집으로 들어갔지만, 아버지께 불효했던 것이 두고두고 후회되며 죄송하기 그지없습니다.

두 번째 실수라고 말할 수 있는 사건은 대학원 시절 한국화학연구원에서 학연생으로 지내고 있을 때, 어른들의 이권 줄타기 싸움에 휘말려 교수님께 대들었던 사건이 있었습니다. 교수님께 이년, 저년 욕까지 들어가며 호되게 야단도 맞았지만, 그 자리에 있게 해주고 기회의 장을 열어준 은사님을 배신했던 일이 가끔 떠오를 때마다 시간을 되돌릴 수 있다면 하고 미련이 남을 때가 있습니다.

세 번째 실패는 앞서 이야기했듯이, 돈 욕심에 눈이 멀어 투자랍시고 제대로 알아보지도 않고 덥석 뛰어들었던 일이 있었습니다.

또 크고 작게 사람과의 관계에서 실수했던 일, 가까운 사람들에게 상처 주는 말과 행동을 했던 일, 업무적인 실수까지 많은 일이 있었고, 그 당시에는 자책과 죄책감, 후회와 나에 대한 분노까지 부정적인 감정에 빠져서 헤어나오지 못해 문제 속에서 갇혀 지냈습니다. 이성적으로 판단해서 부정적인 감정을 거둬내고 일상을 다시 살아내야 함에도, 그 당시에는 감정에 치우쳐서 자기연민에 빠져 일상을 살아낸다는 것이 힘들었습니다.

책에서는 한 문장으로 "타인의 실수를 통해서도 배울 수 있다"라고 이야기하지만, 간접경험과 직접경험은 감정의 강도가 다르다고 생각합니다. 그래서 간접경험으로 직접경험의 효과를 낼 수 있는 사람은 정말 지혜롭다고 생각합니다.

제 경우에는 보이스피싱이라는 피해가 뉴스에서만 보던 사건이었고, 가까운 지인들이 아이디 해킹을 당하는 경우는 봤습니다. 그런데 생각지도 못한 일로 아이디 해킹 피해자가 된 적이 있습니다. 투자를 빙자한 사기를 당했을 때, 함께 재테크 스터디를 하면서 알고 지냈고 사기도 함께 당한 지인분께서 어느 날 뜬금없이 잘 지내시느냐며 SNS로 말을 걸어왔습니다. 간단히 안부를 나눴고 지금 정말 급해서 그러는데 몇십만 원을 빌려달라고 하는 것이었습니다. 이분도 그 당시 전세보증금을 빼서 투자했던 만큼 피해가 상당했고 몸이 좋지 않아 조기 은퇴하신 터였는데, 안 좋은 일을 당한 뒤 부부가 함께 맞벌이하기도 했습니다. 사정이 얼마나 안 좋으면 나한테까지 부탁하는 것일까 싶어 그 자리에서 승낙하고 이체를 했습니다. 5분도 채 되지 않아 다시 연락이 와서 본인 계정이 해킹을 당했으며, 돈을 빌려달라는 메시지는 무시하면 된다는 톡이 왔습니다. 이미 일은 벌어진 뒤였지요. 일어난 일을 말씀드렸고 워낙 같이 마음고생도 했고 서로가 서로에게 큰 위로가 되었던 것을 알기에, 처음 돈을 빌려달라는 말을 걸어왔을 때도 선뜻 무슨 일인지? 언제 돌려줄 것인지? 묻지도 않고 이체했다는 사실에, 미안하면서도 감사하다는 말씀과 함께 피해 금액을 다시 돌려주셨습니다.

그 일이 있고 나서 얼마나 나 자신이 한심하고 바보 같았는지 후회와 자책감에 쉽게 잠을 이루지도 못했습니다. 그분께는 따로 선물을 챙겨 죄송한 마음을 전해드리는 것으로 마무리를 지었습니다.

아이디 해킹 피해가 남들 이야기인 줄 알았는데, 타인의 실수에서도 배울 수 있다고 하지만 내가 직접 겪어보지 않으면 타인이 실수를 통해 겪었던 절박함을 알 수 없는 노릇입니다. 상황대처 능력을 텍스트로 배우는 것에는 한계가 있다는 것을 깨달았습니다.

나의 실수가 되었든, 타인의 실수가 되었든 일이 일어나기 전에 미리미리 예방할 수 있다면 더할 나위 없이 좋겠지요. 그다음 타인의 실수를 통해 같이 깨닫고 같은 실수가 반복되지 않도록 미리 대비할 수 있다면 좋을 것입니다. 마지막으로 내가 한 실수를 통해서 자책과 원망과 분노의 자세로 그 실수 속에 갇혀 지낸다면, 나뿐만 아니라 나와 연결된 사람들까지 같이 고통의 나락으로 떨어지게 하는 것을 알아야 합니다. 다시 훌훌 털고 일어나 같은 실수가 반복되지 않도록, 그 사건 속에서 원인과 결과를 정리하고 대처방안과 내가 취해야 할 행동 등을 해나가는 것이 현명할 것입니다.

실수는 할 수 있어도 실패는 내가 인정하기 전까지는 실패가 아니며, 다만 성공하지 못하는 방법의 하나일 뿐입니다.

6.
지혜를 읽는 시간

요즘 어떤 책을 읽고 있으세요? 지금 제가 읽고 있는 책은 심리학 교수로 30년간 재직하셨던 《실행이 답이다》의 저자 이민규 박사님 책입니다. 2018년 2월 28일, 정든 교정을 떠나면서 교수로서 학생들과 강의실에서, 사석에서, 이메일을 통해서 주고받은 이야기 중, 학생들에게 다시 들려주고 싶은 이야기를 엮어 만든 책입니다.

한 분야에 30년을 몸담고 배우고 가르치는 일에 헌신하신 일 자체만으로도 존경심이 절로 일어나는 일입니다. 12년간 한 직장에서 일하면서, 조금만 힘들어도 그만둘 생각부터 했던 일이 손꼽을 수 없이 많았기에, 이민규 박사님의 은퇴를 접하게 된 소감은 존경심과 경외함으로 표현할 수 있습니다. 얼마나 많은 사람을 만나고 많은 일을 겪으셨을까 가늠이 되지 않지만, 분명히 많은 것을 보고 깨닫고 느끼셨으리라 생각됩니다. 이민규 박사님의 인생을 대신 살아볼 순 없지만, 책을 통해 간접경험을 해보고 노하우와 통찰을 얻을 수 있지 않을까 기대를 해봅니다. 책이 주는 유익이 바로 이런 것이 아닐까 생각합니다.

　문학책이 주는 언어의 유희와 시대를 초월한 다양한 문화와 배경 지식을 넓혀가는 즐거움도 좋고, 실용서가 주는 바로 써먹을 수 있는 효용성도 제가 독서를 좋아하는 요소 중의 하나입니다. 입시 공부 목적이 아닌 순수하게 읽는 재미를 느낀 것은 결혼해서 첫째 아이를 낳고 제2의 사춘기가 왔을 무렵입니다. 김미경 아트스피치 원장님의 《드림온》, 《언니의 독설》, 《꿈이 있는 여자는 늙지 않는다》라는 책을 읽으면서, 의무감만으로 사회의 기대치와 평균적인 삶에 맞추는 것이 정답인 줄 알고 앞만 보고 살아온 저를 볼 수 있었습니다. 이를 통해 저는 꿈에 대해, 비전에 대해, 그리고 남은 인생을 어떻게 살지에 대해 깊게 고민해 보는 시간을 갖게 되면서, 독서는 점점 제 삶에 영향을 끼치기 시작하였습니다. 미지의 꿈 때문에 가슴만 절절히 타올라서 가슴앓이했지, 아직 내 꿈이라는 것은 안갯속에 가려져 있고 희뿌연 상태였습니다.

　밤을 설쳐가며 뭘 하며 살아야 하지? 어떻게 살아야 하는 거지? 수도 없이 질문하고 고민했던 시기였습니다. 일단 할 수 있는 것부터, 내가 뭘 좋아하는지부터, 가슴이 시키는 것 하나하나 도전해보자 마음먹었습니다. 그렇게 꿈 찾아 떠난 여행길이 8년가량 되어 갑니다.

여러 가지 도전들이 있었고, 그 속에서 성취감도 느끼고, 진정한 행복이 이런 것이라고 느끼는 순간들도 많았습니다. 지금도 저를 목마르게 하는 것은, 가치 있는 일과 가치 없는 일을 구분하는 안목이 생겼지만, 가치 있는 일을 어떻게 값어치 있게 만들어 가느냐는 고민은 계속하고 있습니다.

더 많이 벌어서 좋은 일에 헌신하고 싶은 욕심이 생겼습니다. 소외된 이웃들에게 꿈과 희망을 심어주고 실질적인 도움이 될 수 있는 일도 하고 싶습니다. 부족하고 아직은 훈련이 안 된 부분들은 끊임없이 내가 할 수 있는 부분부터 시작해서 채워나가려고 합니다. 여기에도 사고의 확장과 영감을 얻을 수 있는 방법의 하나가 독서라고 생각합니다.

혼자 읽는 책 읽기도 좋지만, 독서모임을 통해 함께 읽어나가면서 책의 내용을 함께 나누었습니다. 이를 통해 감동과 영감을 얻을 뿐 아니라, 각자가 깨닫고 알게 된 바를 본인의 삶 속에 적용한 뒤 느낀 바를 또 나눌 수 있기에, 다양한 삶을 들여다볼 수 있어 든든합니다. 또한, 이런 나눔을 통해 다른 사람들은 느낄 수 없는 삶의 풍성함을 맛보고 있는지도 모릅니다.

책을 읽고 책 속의 좋은 내용을 대단한 생각이다, 대단한 성과를 냈구나고 끝내지 말고, 내가 할 수 있는 것부터 실행해 나아가는 것이 〈목적이 있는 책 읽기 모임〉의 방향이라 생각합니다.

내가 경험한 작은 세상을 벗어나 시간과 공간을 초월한 지혜의

숲으로 여행을 떠날 수 있다는 것은, 요즘 말로 "가성비 갑이다"라고 얘기할 수 있겠습니다. 그러니 가성비가 갑인 독서를 마다할 이유가 없겠지요.

이미 고인이 된 스티브잡스의 머릿속 생각도 책을 통해 들여다보거나 만날 수 있고, 때로는 내가 꿈꾸던 삶을, 먼저 살아본 사람의 생활 속을 들여다볼 수도 있으니, 독서가 주는 이런 유익을 누리는 사람들이 더 많아졌으면 좋겠습니다.

제가 운영하는 독서모임에서는 자기계발서, 실용서 위주의 목적이 있는 책 읽기 모임을 목표로 하고 모임이 시작되었습니다. 지정도서를 한 권 한 권 읽어가면서 드는 생각은 아무리 대단한 사람들의 책을 읽더라도, 내 삶에 적용하고 실천해보지 않으면 책이 주는 감동까지가 독서의 한계라고 느꼈습니다.

이제는 적용하기 부분을 적극적으로 실행해 보려고 합니다. 가령 지난 모임의 책은 《타이탄의 도구들》, 《나는 4시간만 일한다》의 저자 팀페리스 신간 《지금 하지 않으면 언제 하겠는가?》였습니다. 회원 한분 한분마다 책 내용 중 벤치마킹 하고 싶고 훈련하고 싶은 습관 부분을 하나씩 선정하여, 2주간 실천한 뒤에 만나서 다시 이야기를 풀어보자고 말하고 헤어졌습니다. 어떤 분은 내 머릿속 원숭이를 통제하는 일을 해보겠다, 누구는 두려움을 받아들이는 훈련을 해보겠다 등 삶 속에서 실천해보는 것을 다짐했습니다.

또 책뿐 아니라 가끔 영화, 전시회 관람 등을 함께하고 이를 통해 깨달은 바를 나누는 일도 해보기로 했습니다. 책이 직접 주는 유익뿐만이 아니라 책이 매개체가 되어 주는 파생적인 유익도 누리는 요즘입니다.

여러분들도 이 재미 속으로 빠져 들어보지 않겠습니까?

7.
지식은 과거지만 지혜는 미래다

올해로 제약 업계에 입사한 지 12년 차입니다. 한국화학연구원에서 학연생으로 석사 과정 전공은 의료용 고분자를 이용한 제형 연구였습니다. 구체적으로 몸에 붙이는 패치제와 경구 투여 후 위장관에서 서서히 약물이 빠져나와 흡수되는 정도를 컨트롤 하는 서방성 제제를 연구했었습니다. 불과 2년 동안 배운 기술로 제약회사에 입사하여 12년 동안 기반기술을 토대로 새로운 정보와 기술을 업그레이드시키며 업계에서 생존하고 있습니다. 제약업계의 기술과 정보는 빠르게 변화하고 있습니다. 업계 규정도 글로벌 한 기준에 걸맞도록 높은 수준의 품질을 보증하는 방법으로 바뀌고 있습니다. 관련업에 종사하지 않아도 IT업계 기술이 더 빠른 속도로 업그레이드 되고 있다는 것을, 새로운 기술이 접목된 다양한 신제품을 보면서 느낄 수 있습니다. 이런 변화속도에 발맞추려면 부지런히 새로운 정보와 기술을 발굴해 나가야 함을 쉽게 인식할 수 있을 것입니다.

생태계는 질서있게 움직이고 있습니다. 인간은 인간다워야 하고, 행복과 사랑을 베푸는 삶을 추구하는 보편적인 가치가 있어야 합니다. 지금 나의 모습은 과거에 내가 해온 선택의 결과물로써 존재하게 됩니다. 미래 역시 오늘 내가 하는 선택으로 결정되게 되는 것입니다. 생존을 위한 기술과 정보 축적을 위한 노력뿐 아니라. 지혜와 선경지명을 얻기 위한 노력도 늘 염두에 두고 있어야 할 이유가 있습니다.

인간이 기여하던 많은 부분을 인공지능 로봇이 대체하는 순간이 도래할 때, 인공지능 로봇과 차별화되는 인간만의 고유영역이 무엇이 있을까요? 소통과 공감, 호기심, 지혜와 통찰 부분이 차별화된 영역이라 생각합니다. 마지막까지 인간으로서 간직해야 할 부분입니다. 이 부분을 훈련하는 것이 그렇게 간단한 일이 아님을 자각하고 있어야 합니다. 내가 지금 하는 일에 대한 단순 정보와 결과들 위에 다른 분야에서 배우면서 깨닫게 된 바를 융합할 수 있는 기술 역시, 단순한 지식에 지혜를 더해 새로운 것을 창조할 수 있는 능력을 만드는 방법입니다.

저는 3P바인더라는 자기경영 도구를 만난 뒤 한 권의 메인 바인더와 정보를 분류해서 각각 바인딩한 서브바인더를 이용해서 지식과 정보를 분류하고 관리하기 시작했습니다. 주 업무인 제제 개발 프로젝트별 정보 정리부터 인적네트워크 활동인 독서모임, 사내원예동아리 모임도 참석해서 활동하는 것으로 끝나지 않고 활동일지로 남기고 있습니다. 아이들의 성취물과 사진, 고사리손으로 써준 편지들까지 분류해서 정보를 관리하고 있습니다. 보유하는 기준을 정해 단순 정보수집으로 끝나지 않고 다양한 경험에서 어우러지는 통찰과 영감을 더해서, 더 나은 창조물을 만드는 밑거름으로 사용하려고 합니다.

정리수납 자격증 과정을 강의할 때도 수강선생님들의 실습 사진을 전달받아 파워포인트로 사진첩을 정리해서 날짜와 이름을 넣어 출력해서 개인별 바인더에 꽂아드리면, 그것 자체로 본인의 정리 포트폴리오가 될 것이며, 훗날 컨설팅 서비스업을 시작하실 때도 훌륭한 자원이 될 것입니다. 예전에는 자격증 취득용 실습사진으로 받아서 협회에 제출하고 끝냈는데, 4기수 분들부터 이렇게 바꿔보니 매주 실습사진들이 바인딩 될 때마다 너무 뿌듯해 하시고, 성취감으로 자신감이 상승하는 모습을 보여주었습니다. 다소 번거로운 작업이지만, 받아보시고 기뻐하실 수강생분들의 얼굴을 생각하면 힘이 샘솟는 것을 느낍니다.

올해는 행복습관프로젝트라고 해서 하루에 10가지 핵심습관이자 행복습관 만들기 훈련을 하고 있는데, 이 부분도 매일 매일 기록해두고 피드백을 하고 있습니다. 개인적으로 세운 목표 달성을 위해서 행하고 있는 것이지만, 이왕이면 다홍치마라고 연말에 있을 3P

자기경영연구소의 큰 행사인 자기경영 페스티벌에 출전하기 위해 1월부터 미리 계획하고 시행하고 있습니다.

하루하루 반복되는 일상이라고 생각했는데 벌써 연말이 다가오는 이 시점에서 되돌아보니, 참 많은 일이 벌어졌고 미래를 지혜롭게 개척해 나가고 있구나 하는 생각이 문득문득 들 때가 있습니다. 반복되는 일상에 매너리즘에 빠지기 쉬운 현시대를 살아가는 우리에게 던지고 싶은 메시지입니다. 나의 일상의 기록, 정보 위에 통찰과 영감이 모여 새로운 미래를 창조할 수 있는 것임을 말입니다. 창조는 무에서 유를 만드는 것이 아니라 유에서 뉴new를 만드는 것이라고 생각합니다.

여기서 말하는 통찰과 영감은 나의 내면의 소리를 끊임없이 들어주려는 노력을 통하여, 또 독서를 통해서 혹은 가까이 있는 같은 업종에 종사하며, 큰 성과를 만든 멘토와의 대화를 통해서도 다른 분야에서 일하고 있는 사람들을 만나 함께 대화하는 가운데 얻을 수 있는 부분이라고 생각합니다.

이렇게 생각을 바꾸게 되면 나의 하루 일상이 별 볼 일 없고 무가치한 일이 아니라 미래를 만들어가는 초석임을 깨닫게 됩니다. 오늘까지 쌓인 나의 지식 위에 어떤 영감을 더해 새로운 것을 시도해보지 않겠습니까?

PART 5

온전한 삶을
위한 도전

날마다 감사한 이유를 챙기고 묵상을 나눌 시간을 갖고 신체 건강뿐
아니라 마음과 지식의 건강도 챙기는 습관으로 인해 삶이 더 윤택해
지고 풍성해지는 것을 느끼고 있습니다. 또 책을 쓰겠다는 확언과 목
표쓰기 습관 훈련을 통해 실행력을 더 높이고, 종국에는 제 이름으로
된 책이 출간되어 단 한 분에게라도 제 이야기를 통해 힘을 얻고 위
로와 용기를 얻으실 수 있기를 간절히 바랍니다.

온전히 나답게 풍성한 삶을 살 수 있도록 몸, 마음, 지식 튼튼을 날마
다 실천해 봅시다.

1.
나는 메신저다

온라인 중고서점에서 십만 원도 넘는 가격에 거래되던 《메신저가 되라》라는 책이 있습니다. 절판되어 구하기 힘든 책인데 최근 《백만 장자 메신저》라는 이름으로 개정 출판되어, 지금은 쉽게 구할 수 있게 되었습니다. 도대체 어떤 내용이 담겨 있었기에 이 책의 값어치를 그렇게나 높게 했을까요?

저자는 누구나 내가 경험한 것을 가지고 메신저가 될 수 있다고 이야기하면서 메신저가 되는 다양한 방법을 소개하고 있습니다. 이 책을 읽고 내가 하고자 하는 일을 더 명확하고 구체적으로 정할 수 있었습니다.

교회에서도 내가 만난 하나님을 여러 성도님에게 나누는 것을 간증이라고 합니다. 우리는 누구나 이 지구 상에서 나밖에 경험해 보지 못한 일들을 겪고 살아가고 있습니다. 어떤 이는 그 사건에 의미를 더해서 글로 풀어내는 사람이 있고, 강연을 통해 비슷한 경험을 한 사람들에게 공감을 얻고 소통하며 위로와 힘을 실어 주는 강연가가 되기도 합니다.

저 역시 제가 경험했던 사건들이 제 삶에 끼친 영향을 나누기 위해, 책을 쓰고 강의를 하며 위로와 힘을 전해드리고 함께 난제들도 극복해보고자 도전해가는 러닝메이트의 역할을 하며 살고 싶습니다. 이것이 저의 소명이라 생각합니다.

셋째 아이를 낳고 다섯 식구로 늘어나며 살림 정리가 필요해서 정리수납기술을 배웠고, 그 과정을 통해 변화된 제 삶 속에서 느꼈던 생각들을 함께 나누고 싶었습니다. 산후우울증으로 자기연민에 빠져있을 때 원예를 통해 자연이 주는 힘과 위로를 나누고 싶었고, 창작 활동이 주는 번뇌와 아름다움도 나누고 싶습니다. 사기를 당해서 수천만 원의 빚을 지고 관계가 깨져버려 다 내려놓고 싶을 때, 인격적으로 만난 하나님의 사랑을 전하고 싶었습니다. 진정한 재테크는 나를 발전시키는 것이라는 것을 느끼고 나를 단련시키기 위해 만났던 3P자기경영연구소의 핵심철학과 가치를, 나를 만나게 되는 사람들에게 나누며 살고 싶습니다.

또 자기계발에 부담감과 거부감이 있는 청취자분들과 함께 팟캐스트를 통해 한계와 고정관념, 틀을 깨는 작업을 하고 싶습니다.

저는 지금도 하고 싶은 것이 너무 많고 과정에서 또 성취한 결과물을 통해서도, 내 삶에 끼친 영향과 의미를 여러분들과 나누고 싶습니다. 그래서 타인의 삶 속에서 열매가 맺히는 것을 지켜보는 귀한 경험을 하는 것이 제 인생의 최종 목표입니다.

메신저가 무엇인지 몰랐을 때는 내가 경험한 일들에 대해 다른 사람들이 얼마나 관심을 가질까 의문이 있었습니다. 그래서 내 삶을 나누기보다는 양질의 유익한 콘텐츠를 단순히 정보전달자로서 전달하기에 급급했었습니다. 시간이 지나고 강의 경험이 쌓이면서 정보전달보다 사례로 설명할 때, 특히 생동감 넘치는 제 이야기로 풀어낼 때 수강생분들의 마음속에 깊이 각인되고 울림을 줄 수 있다는 것을 몸소 느끼게 되었습니다. 지금은 마음의 빗장을 열어 내가 경험한 것들을 이야기하고, 그때 깨닫게 된 생각과 다짐들을 더 자신감 있게 이야기하게 되었습니다.

그리고 더 중요하게 생각하는 것이 생겼습니다. 나의 이야기 못지않게 정말 다양한 사건을 경험하고 다양한 관점으로 문제를 해결해 온 다른 분들의 이야기에 귀 기울이는 것입니다.

정리수납 강의를 시작하기에 앞서서도 수강생분들의 자기소개 시간에 많은 이야기를 할 수 있도록 기회를 줍니다. 어떤 연유로 이 강의를 듣고자 마음먹게 되었는지, 강의 회차가 지나갈수록 실습과정에서 느꼈던 생각들을 나누는 시간을 꼭 가집니다.

강의 내용보다 수강선생님들의 사연과 느낀 바를 나눌 때 같이 수업받는 수강생분 사이에서 더 큰 울림과 동기부여가 될 수 있다는 것을 현장에서 많이 목격하고 있습니다. 느낀 바를 말로 나누고 끝내면

그때의 감동과 깨달음이 시간이 지나면서 희미해지기에, 그날의 수업 후기를 빈 종이 위에 담을 수 있는 시간을 드립니다.

오늘 내가 새롭게 알게 된 정보는 뭐지? 수업 중에 느꼈거나 깨닫게 된 점도 기록하고 당장 집에 돌아가서 하고 싶은 것들을 결심하는 시간을 갖고 직접 써보는 시간을 갖는 것입니다. 이렇게 매주 수업 후기와 매주 실습했던 사진들을 모아서 한 권의 바인더로 만들어 드리면, 과정을 마치고 수료식을 할 때 수료증 한 장 받는 성취감보다 더 큰 성취감을 느끼고, 결과물보다 과정에 오롯이 집중했고 즐기고 있었던 나를 만날 수 있다고 확신합니다.

우리는 누구나 살아가면서 겪게 되는 일들 속에서 내 삶에 끼친 영향들을 나누는 메신저가 될 수 있습니다.

내가 가지고 있는 선한 영향력을 이제 사람들에게 행사하고 싶지 않으신가요? 나의 경험과 생각이 누군가의 인생에 희망이 되어주고, 위로가 되고, 힘이 되는 일에 어렵다 생각하지 않고 함께 나눌 수 있는 사람이 되셨으면 좋겠습니다.

2.
동기부여의 힘

슬럼프를 극복하는 나만의 방법을 가지고 계신가요? 제가 사용하는 슬럼프 극복 방법을 나누겠습니다.

장군이라는 별명이 붙을 정도로 힘이 펄펄 솟는 저도 손가락 하나 까딱하기 싫은, 진이 다 빠져나간 것같이 에너지가 바닥을 칠 때가 있습니다. 그럴 때는 극복하기 위해 발버둥을 쳐보는 것 대신, 그냥 푹 쉬는 편입니다. 너무 단순해서 김이 빠지시나요?

사실 미련스럽게 몸이 보내는 신호를 무시하고 꾸역꾸역 움직여본 적도 있습니다. 의무감에 꼭 해야만 하는 일이나, 스스로 나태한 자신을 용납할 수 없어서 천근만근인 몸을 이끌고 억지로 출근하고 버틴 적도 있었습니다. 제 업무이기에 제가 아니면 다른 사람이 대신할 수 없을 것으로 생각했던 일들도, 익숙하지 않아 시간이 걸리고 다소 비효율적으로 돌아가더라도, 이가 없으면 잇몸으로 돌아간다는 사실을 깨닫게 되었습니다. 그 후 저는 몸이 보내는 신호를 존중해주고 충분한 휴식을 취해주기로 결심했습니다.

이번에는 몸이 힘들 때 말고 마음이 힘든 일을 겪을 때 제가 사용하는 방법을 나누겠습니다. 예를 들어 억울하고 화가 치밀어 오르며, 내가 옳은데 잘못한 사람은 잘못인지도 모르고 있다는 생각이 드는 일을 마주할 때가 있을 것입니다. 저는 이럴 때 제가 받아들일 수 있는 능력 밖의 일이다 생각하고, 신앙의 힘으로 극복합니다.

아무 죄 없으신 예수님도 인간의 몸으로 이 땅에 와서 온갖 모욕과 핍박과 고초를 당하셨는데, 고작 나의 의로움이 무엇이라고 내가 옳다고 주장할 수 있는지 생각해봅니다. 희한하게도 이렇게 마음먹고 인간의 연약함을 회개하고, 인정하고, 예수님의 의로우심을 고백하고 나면, 마음이 한결 가벼워지고 평안함이 가득해지는 것을 느낄 수 있습니다.

자존감이 무너지고 몸까지 무기력해졌을 때 하는 최후의 수단은 감사하는 마음 갖기입니다. 살아있음에 감사, 사지 멀쩡히 건강해서 아픔도 느끼고 생각도 할 수 있음에 감사, 삶에 굴곡이 있음에 감사, 부족한 부분을 드러내주심에 감사, 감사를 감사로 표현하고 있음에 감사, 이렇게 저렇게 감사할 것이 너무 많아서 또 감사를 고백하고 나면, 마음속 깊은 곳에서 따뜻한 기운이 퍼져나가고 배터리가 충전되듯이 에너지가 차오르는 것을 느낄 수 있습니다.

뇌과학 전문의 이시형 박사님의 책 《쉬어도 피곤한 사람들》이라는 책에 보면, 대학 실험에서 의지력을 테스트한 실험 결과가 나옵니다. 학생들을 두 그룹으로 나누고 한 그룹은 달콤하고 맛있는 간식을, 한 그룹은 쓰고 맛이 없는 간식을 일정 시간 동안 먹게 하고 수학 문제를 풀게 합니다. 이 수학 문제는 정답을 구할 수 없는 미궁의 문제입니다. 두 그룹 중 더 빨리 포기하는 그룹을 지켜봤더니, 쓴맛이 나는 간식을 먹은 그룹이었습니다. 실험결과가 의미하는 것은 의지력에는 한계가 있습니다. 쓴 간식을 먹느라 의지력을 상대적으로 많이 사용한 그룹은, 비교 그룹과 대비했을 때 수학 문제를 붙들고 씨름하는 데 쓰는 의지력이 더 부족했다는 것입니다.

우리도 일상을 살아가면서 많은 의지력을 사용하고 있습니다. 상대적인 것일 수 있지만 출근하는 것부터가 고욕일 수 있고, 관계에서 오는 어려움, 학업에서 받는 스트레스, 스스로 타인과 비교하면서 받는 스트레스까지 한계가 있는 의지력을 사용하고 있으면서, 충전하는 시간을 가지지 않는다면 번아웃 되어버리는 것이지요.

내 의지력을 충전해주는 시간, 힐링 타임, 힐링 방법을 여러 가지 모양으로 알아보고, 도전해보고 나에게 맞는 방법이 어떤 것인지 확보해 둘 필요가 있습니다.

이시형 박사님의 책에서는 의지력 충전 방법의 하나로 추천해주는 것이 롤모델, 멘토를 떠올리는 것으로도 의지력이 충전된다고 소개를 하고 있습니다. 내가 떠올리기만 해도 에너지가 충전되는 사람이 있으신가요? 저는 멘토분들을 떠올릴 때마다 '그렇게나 힘든 역경 속에서도 이겨내신 분도 계신데'라는 생각이 들면서 힘이 솟는 것을 느낄 때가 종종 있습니다. 그리고 이제는 나도 누군가의 롤모델이 되어 그 누군가가 나를 떠올리면서 '저렇게 열심히 삶을 살아가고 있는 분도 있는데'라고 생각해주길 바랍니다.

마지막으로 제가 사용하는 의지력 충전 방법은 '일상을 낯설게 하기'입니다. 낯설게 하는 방법으로는 낯선 환경, 낯선 사람을 만나는 방법이 있습니다. 이를 가장 쉽게 실천할 수 있는 방법은 여행을 통해서입니다.

일상이 주는 편안함과 고마움은 가족 중에 누군가가 아프다든지, 반복되는 일상에 변화가 생길 때와 같이 큰 일이 생겼을 때, 그때야 비로소 기적 같은 하루였고, 감사한 나날이었다는 것을 깨닫게 되는 것 같습니다. 공기가 없어야 공기의 존재를 깨닫고 소중히 생각하는 것처럼 말입니다.

나만의 셀프 동기부여 방법을 많이 확보할수록, 풍성한 삶을 누릴 수 있을 것입니다. 너무 거창한 방법이 아니더라도 작은 시도 하나로 성취감을 느끼고 반복하다 보니, 작은 성과를 통해서도 자존감이 상승했고, 다음엔 조금 더 큰 목표를 세우고 시도할 수 있었습니다. 이런 선순환 사이클에 편승될 수 있도록, 작은 단위의 목표를 세우고 도전해보시는 것은 어떨까요?

3.
꿈을 가진 사람이 아름답다

소설가 박상륭 선생님의 표기에 따르면 '아름다움'의 원래 표기는 '앓음다움'이었다고 합니다. '앓음'이란, 육체적, 정신적 아픔, 혹은 고난을 이겨내기 위해 애쓰는 상태이므로 '아름다운 사람'이란 '아픔과 고난을 이겨낸 사람답다'라는 뜻이 될 수 있습니다.

흔히 아름답다는 찬사를 받는 꽃 역시 한 송이 꽃을 피우기 위해 씨앗을 품고, 움을 틔우는 과정을 보냅니다. 마지막을 위해 절정으로 아름답게 필 수 있다는 것은, 지는 것을 두려워하지 않는 고고한 자태 때문일 것입니다. 한 송이 꽃도 활짝 피어나기까지 인내와 연단의 시간이 필요했습니다.

저라는 사람 역시 지금의 모습이 되기까지 많은 일을 겪었고 많은 사람을 만나며, 고난과 역경을 이겨내면서 살아왔습니다. 또 같은 모양새로 계속해서 살아갈 것입니다.

김미경 작가님의 《꿈이 있는 아내는 늙지 않는다》, 안은선 작가님의 《꿈을 가진 엄마는 멈추지 않는다》, 개그맨 김병만의 책 《꿈이 있는 거북이는 지치지 않습니다》는 한 가지 공통점이 있습니다. 그것은 꿈이 있는 누군가는 살아갈 이유가 분명히 있다는 것입니다.

자신의 꿈에 대해 생각해보신 적 있으신가요? 저는 꿈 리스트를 작성하는 시간을 가짐으로써, 인생의 전환점을 갖게 되었습니다. 제 꿈 리스트 속에는 장기적인 목표와 당장 이룰 수 있겠다 싶은 초단기 목표, 막연하게 한 번쯤 해보고 싶었던 버킷리스트까지 골고루 담겨 있었습니다. 꿈 리스트를 써 나가면서 되면 좋고, 안 되면 말고 하는 불순한 마음으로 작성한 것들도 상당수 있었습니다. 머릿속에서 뱅뱅 돌던 상념을 눈으로 볼 수 있도록 가시화 시켜놓는 작업을 했더니, 신기하게도 많은 일이 이루어졌음을 깨닫고 소름 돋았던 적도 있습니다.

정리수납과 자기계발 강사의 꿈에 한 걸음씩 가까이 다가서게 되면서, 많은 수강생분들을 만나고 성장을 도울 수 있는 일을 할 수 있게 되었습니다. 사내강사 제도가 있기 전에도 막연하게 사내강사가 되어 동료들에게 자기경영에 대한 주제를 나눌 수 있으면 좋겠다는 목표도 꿈 리스트에 써봤습니다. 신기하게도 목표를 써내려간 지 1년 후에 사내강사 제도가 생겼고, 저는 팀장님의 추천을 받으며 지원하게 되었으며 공채 신입사원들의 역량 강화 강의를 맡기도 했습니다. 출퇴근하기도 버거운 워킹맘이 독서모임, 원예모임을 운영하게 된 것, 북카페를 운영하고 싶다고 썼던 꿈을 회사 내 휴게실에 책장과 책을 기증하는 것으로 이룰 수 있었습니다. 시부모님을 모시고 여행을 다녀오고, 육아와 보육 관련 부모대표로서 정책위원회에 소속되어 활동하며 신문에 칼럼을 싣고, 포럼 발제자로 참여할 수 있었던 일이며, 지금 생각해도 어떻게 할 수 있었을까 싶은 일들이 많이 실현됐습니다.

저에게 꿈은 항상 소중했기에, 괜히 시도했다가 좌절감을 맛보고 싶지 않고 계속 간직하고 싶은 무엇인가였는데, 지금은 '내가 지금 여기서 그것을 어떻게 취하고, 누릴 수 있을까?' 끊임없이 고민하게 만드는 것이 되었습니다.

김미경 아트스피치 원장님 파랑새 강연에서 "꿈이 별로 없어요" 라고 말한 분의 사연을 들은 적이 있습니다. 우리가 언뜻 생각하기 쉬운 '하고 싶은 일이 없어서 꿈이 없나 보다'가 아니라 반전 돋게도 꿈을 꿈인 채 두지 않아서 꿈이 별로 없다는 말이었습니다. 소름 돋지 않나요? 꿈이 목표가 되어 이루어 내기 바쁘기에 꿈인 채로 둘 여유가 없었다는 것이지요.

아직 이루고 싶은 것도 하고 싶은 것도 많은 저이기에, 아침에 눈을 떴을 때 감사 기도를 시작으로 설레는 하루를 시작하고 있습니다. 꿈 리스트의 하고 싶은 일 항목에 기록했던 글을 쓰고, 강연하며 많은 분의 이야기를 듣고 제 이야기도 나누고 싶다는 바람은, 이렇게 매일 한 문장 한 문장씩 쓰는 글을 통해서 이미 꿈을 이루었다는 성취감을 맛보고 있습니다.

꿈을 손에 잡히지 않는 신기루처럼 막연하게 생각했던 예전 모습을 떠올려보면, 그 나이에 맞는 행동이고 고민이었겠다 싶습니다. 그렇게 고민하고 작은 도전이라도 무엇인가 시도해보고, 느껴보고, 깨닫게 되는 그 시절이 있었기에 조금씩 성장하고 성숙해가는 지금의 행복을 맛볼 수 있는 것으로 생각합니다.

되고 싶은 모습 속에는 무수히 많은 하고 싶은 일들이 있을 겁니다. 되고 싶은 모습을 꼭 직업적인 것으로 연결하지 않았으면 좋겠습니다. 명사형의 되고 싶은 모습이 아니라 형용사, 동사형의 되고 싶은 모습이길 바랍니다. 또한, 그 모습으로 하고 싶고, 가보고 싶고, 갖고 싶고, 나눠주고 싶은 것까지 연쇄적으로 파생시켜 나가보길 바랍니다.

꿈을 이뤄나가는 '앓음다움'의 과정과 목적을 염두에 두며 즐겨 나갈 수 있다면, 더할 나위 없이 행복한 삶이 되리라 생각합니다. 온전히 나답게 살아가는 과정을 밟아간다면, 종국에는 내가 원하는 종착지에 도착해 있을 것입니다. 아니면 새로운 길을 개척해서 그 길의 종착지마저 만들어 갈 수도 있습니다.

학창 시절 멋지게 암송해서 되뇌었던 러시아 시인 알렉산드르 푸시킨의 시 구절이 떠오릅니다.

삶이 그대를 속일지라도

슬퍼하거나 노하지 말라.

슬픈 날엔 참고 견디라

즐거운 날이 오고야 말리니

마음은 미래에 사는 것

오늘은 언제나 슬프도다

모든 것 순간에 지나가고

지나간 것은 사랑스러우리라.

삶이 그대를 속이려 든다면

슬퍼하고 노여워하라

정당한 분노는 슬픔을 이기고

기쁨의 날을 앞당긴다

마음은 언제나 함께 있는 것

오늘 또한 행복하여야 한다

모든 것 순간에 지나가나 존재했기에 사랑스러우리라.

온전한 삶을 위한 도전

4.
내가 세상에 온 이유

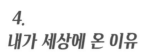

온라인상에서 사용되는 닉네임 중에 '지구별 여행자'라는 닉네임을 본 적이 있습니다. 단박에 저는 아주 멋진 표현이라는 생각을 했습니다. 평생 살 것처럼 굴지 않고 잠시 거쳐 가는 여행자의 눈으로 일상을 들여다보며 살아가는 삶의 자세가 묻어나는 것 같아 따라하고 싶었습니다.

성경 말씀을 따르면 '나'라는 존재를 하나님께선 천지가 창조되기 이전 태초 이전부터 지으셨다고 합니다. 태초 이전부터 지음 받은 '나'라는 사람이 이 땅에 태어나 살아가는 이유가 무엇일까? '나'를 지으신 이는 내가 어떤 삶을 살길 바라는 걸까? 문뜩문뜩 이런 것들이 궁금할 때가 있습니다. 그러면서 삶에 있어 사명과 비전에 대해 깊은 고민을 하던 시기가 있었습니다.

지금도 계속해서 장기적인 목표를 수정해 나가고 있지만, 사명을 한 문장으로 명확하게 정의 내리고 싶어서 많은 시간 질문을 던지고 나에 대해 진지하게 관찰하는 시간을 가졌습니다. 고심 끝에 3P자기경영연구소 셀프리더십 마스터코치과정 때 지도를 해주셨던 용현중 실장님의 도움을 받아 사명을 정의 내릴 수 있었습니다.

나의 사명은, 이 땅의 모든 사람이
살아가면서 만나는 삶의 문제들로부터 자유할 수 있도록,
성경적 관점으로 문제를 해석하고, 근본적인 해결책을 제시하는
일에 헌신하는 것이다.

이 사명을 감당하기 위해서, 2021년까지 각 분야의 100명 이상의 리더들의 core value를 체계화할 것이며, 2026년까지 적어도 1,000명 이상의 사람들에게 과학적 문제 해결 프로세스와 core value를 접목한 solution을 적용 및 검증하고, 2030년까지 전 세계 1억 명 이상의 사람들에게 SNS를 통해 그 과정을 공유할 것이며, 2038년까지 10만 명 이상의 follower와 함께하는 P. S. M problem solution messenger 가 된다.

12년간 제약회사 연구원으로 재직하며 가설과 검증을 위한 실험적인 시도들, 신약과 구약의 말씀을 믿으며 약속의 말씀이 medicine 이 될 수 있겠다는 생각이 들었습니다. 이때 저는 망치로 얻어맞은 것처럼 띵~하고 내가 살아왔고, 살아가는 이유가 이것과 관련이 있

을 수 있겠다는 생각을 했습니다.

비전까지 세우고 나니 너무 거창해서 과연 할 수 있을까? 의심이 들다가도 오늘 만나게 되는 가족, 동료, 이웃 등 그 누구와 마주하는 자리에서도, 그 시간에 충실하게 경청하고 진지하게 문제를 들여다보며 대화에 임한다면, 매 순간이 비전과 사명을 위해 감당하고 있는 삶이라고 생각을 합니다.

먼 미래의 일을 기다릴 것이 아니라, 오늘도 결과를 당겨서 바로 누릴 수 있도록 최선을 다하자고 다짐하게 됩니다. 38세 생일에 파주보육원 중고등학생들의 자기경영에 대한 코칭을 진행하였습니다. 자기경영의 방법과 도구를 활용하는 스킬은 제가 아니더라도 마스터코치라면 누구라도 해줄 수 있는 부분이기에, '서성미'이기 때문에 이 아이들에게 해줄 수 있는 이야기를 들려주자는 생각을 했습니다.

어떤 이야기가 좋을까 고민 끝에 제 성장 스토리와 언제든 선택의 갈림길에 서서 혼자라고 느껴질 때, 사고를 선택할 수 있는 방법에 대해서 들려주었습니다. 그리고 인생 멘토를 많이 만들라는 조언과 실제 저의 부자 멘토님과 나눈 대화와 그분의 스토리도 들려줬습니다.

마지막으로 우리가 살아가는 하루하루는 반복되는 일상이 아니라 이 지구 상에서 나만이 경험할 수 있는 특별하고 소중한 것이라고 말해주었습니다. 그러므로 벌어지는 사건 하나하나가 내 삶에 영향을 끼치고, 그때 느꼈던 내 감정과 생각이 다시 누군가에게 힘과 위로가 되며 용기가 될 수 있다는 이야기를 전하면서, 누구나 작가가 될 수 있다는 이야기로 끝을 맺었습니다.

깨뜨리기 싫은 꿈으로 간직하지 말고 단 한 문장 감사일기, 하루 본깨적본 것, 깨달은 것, 적용할 것이라도 쓰기 시작한다면, 그것은 더는 꿈이 아니라 목표이며, 이미 ~ing 진행 중으로 바뀐다는 것을 전달해주었습니다.

이 모든 이야기는 아이들에게 들려주고 싶은 부분이기도 하지만, 저 자신에게도 다짐하듯 다시 들려주고 싶은 이야기였습니다. 내가 이 땅에 태어나서 어떻게 살아가야 하는지를 말입니다.

이름값을 하기 위해 오늘도 열심히, 소명을 향해 ~ing 하겠습니다.

5.
함께 멀리

동기부여 강의나 자기계발 관련 강의를 들어보셨다면 한 번쯤 보셨을 영상이 있습니다. 기러기가 무리를 지어 V자 대열을 만들어서, 선두에서 공기저항을 가르며 리드해 함께 이동하는 장면이 바로 그것입니다. 최전방에서 공기 저항을 가르던 리더가 지치면, 선두 위치를 바꾸면서 멀리 떨어진 목적지까지 날아갈 수 있다고 합니다.

빨리 가려면 혼자 가고, 멀리 가려면 함께 가라는 속담을 좋아합니다. 저는 웬만한 도전 프로젝트들은 함께 멀리 가기 전략으로 수행하고 있습니다. 어학 공부, 여성들의 평생 과업 다이어트도, 취미 생활과 생업조차 함께 멀리 가려고 팀을 꾸리고 상과 벌에 대한 룰을 정하고 피드백하며, 미진한 성과에 대한 R&D도 함께하고 있습니다.

블로그 글쓰기 역시 퍼스널브랜딩을 위한 도구로써 필요성은 알고 있지만, 게시글을 꾸준히 쓴다는 것은 자신과의 싸움입니다. '이 거 쓴다고 달라지겠어?', '내 시시콜콜한 일상 누가 읽어나 줄까?', '뭘 써야 하는건지 모르겠다' 등 이런 부정적인 생각들을 합리화시 키면서 슬금슬금 포기하려고 할 때, 동지를 모아 100일을 목표로 '1 일 1포스팅 블로그 글쓰기'를 함께 시작했습니다.

1일 1포스팅 미션을 수행하지 못했을 땐 500원 벌금도 내고 함 께하는 동지들끼리 공감과 댓글을 품앗이해주고 있으며, 시간이 지 나 멤버들은 중간에 바뀌었지만 지금도 계속해서 진행하고 있습니 다. 함께 블로그 포스팅 100일 프로젝트를 수행한 분 중에는 수입가 구 전문점을 운영하시는 사장님, 전업주부, 꽃집사장님, 맞춤 정장 사장님, 워킹맘, 키즈카페와 미용실을 숍인숍 형태로 운영하시는 사 장님까지 다양한 분들께서 함께해주셨습니다. 100일 동안 한 번도 거르지 않고 포스팅을 완주하신 분도 있었고, 선납한 보증금을 벌금 으로 꽉 채우신 분도 있었습니다.

함께하는 프로젝트를 통해서 블로그 이웃을 맺은 동지분들의 글 을 챙겨보면서 서로서로 깊게 알아갈 수 있는 시간이 되었고, 단체 채팅방에서 포스팅 공유하기를 통해 '어, 벌써 포스팅하셨네?' 이런 무언의 압박감을 느끼면서 서로 자극도 주고받았습니다.

흥미를 유발하는 포스팅에는 자발적으로 질문하고 공감과 댓글 을 남기면서, 서로의 프로젝트를 응원하는 사이가 되었습니다. 미용 실과 키즈카페를 같이 운영하셨던 이웃분은 포스팅을 위한 소재가 마네킹을 대상으로 헤어스타일 연출 연습 사진이었기에, 더운 여름 베란다에서 땀을 뻘뻘 흘러가며 펌과 커트 연습을 하루도 거르지 않고 하셨고, 업스타일 헤어사진 시리즈로 포스팅하기도 하셨습니다. 블로그에 포스팅하는 데 걸리는 시간뿐 아니라, 헤어스타일 연출 연습시간까지 생각하면 엄청난 시간과 노력을 매일 했다는 것을 알 수 있었습니다. 이런 노력을 함께 지켜보면서 서로 간에 주고받는 에너지와 시너지는 혼자서 진행했다면 절대 느껴 보지 못했을 것입니다.

좋은 뜻으로 동참해주셔서 미션을 수행하지 못해 발생된 벌금은, 제가 봉사하고 있는 파주보육원에 기부하는 것으로 뜻을 모아주시기도 하셨습니다.

블로그 포스팅 프로젝트뿐 아니라 셀프영어스터디에서도 같이 진행했습니다. 3P자기경영연구소 마스터코치 동기분들과 함께 하루에 아침, 저녁으로 2번씩 영어 문장 발음 연습을 한 뒤 음성 파일과 문장암기 확인 동영상 파일을 올리는 것이 진행방식이었고, 100일 단위 프로젝트를 3번이나 완주했습니다. 벌금은 역시나 같이 기부를 하고 있습니다.

나 홀로 독박육아가 싫어 조리원 동기 모임을 만들어 소통하고 교류할 수 있는 장을 만들고, 회사 내 부서 간 소통과 교제의 장을 만들고자 원예동아리를 창단하고 함께하기 전략을 세웠습니다. 다이어트 역시 혼자서 유혹에 맞서 싸우기 힘든 부분을, 동지를 만들어 서로 식단 사진과 체지방 변화를 인증하면서 위로하고, 서로 힘을 실어주며 함께 멀리 가기를 진행하고 있습니다.

어떤 도전이든 왜 하는지, 무엇을 할 것인지, 어떻게 할 것인지가 중요합니다. 저에게 어떤 과제가 떨어졌든 How에 대한 부분은 늘 함께 멀리 가기 전략이 우선될 것입니다. 뜻을 합하여 함께할 수 있는 동지가 있다는 것만으로도 얼마나 든든하고 힘이 되는지 모릅니다.

함께 멀리 가기 전략은 끈기있게 밀어붙일 때도 있고, 서로 앞서거니 뒤서거니 경쟁할 때도 있습니다. 또한 동지의식 때문에 더 신경을 쓰고 있어 긴장감에 진행할 수 있다는 장점이 있습니다. 무엇보다 결과물을 얻기 위한 과정 자체도 재미있습니다. 약간의 경쟁의식도 담겨 있고 게임을 하듯 즐기면서 과정을 극복해 나갈 수 있다는 것이 가장 큰 이득이라 생각합니다.

끊임없이 경쟁하며 치고 올라가야 하는 팍팍한 세상살이지만, 좋아하는 일을 꾸준히 하는 것과 부족한 것을 채우는 과정까지 즐기면서 할 수 있는, 함께 멀리 가기 전략을 한번 해보고 싶지 않으세요?

6.
체인지-UP 하라

고등학교 2학년 때 처음으로 반장이 되었습니다. 선두에 나서고 이끄는 것을 좋아했지만, 그동안 최전선에 나서기보다는 부반장, 부회장 등 이인자의 자리를 더 선호했습니다. 저는 반장이 되어 야간 자율 학습시간 3시간을 어떻게 파이팅 넘치게 몰입해서 할 수 있을까 고민한 끝에, 야간자율학습이 시작되는 종이 울림과 동시에 구호를 외치고 시작해보자고 제안을 했습니다.

반 친구들은 흔쾌히 동의를 해주었고, 저는 자리에서 일어났습니다.

반장 : "2학년 8반 구호 준비!"

친구들 : "야!"

반장 : "구호 시작!"

친구들 : "몸 튼튼! 마음 튼튼! 지식 튼튼! 야!야!야!"

구호와 함께 몸 튼튼에서는 두 주먹 불끈 쥐고 배를 두 번 두드리고, 마음 튼튼에서는 가슴을 두 번, 지식 튼튼에서는 머리를 두 번 두드리는 퍼포먼스까지 곁들여서 파이팅을 끌어모았습니다.

제가 다니던 고등학교는 한 학년이 8학급이었던 인문계 고등학교였습니다. 첫 중간고사에서 저희 반은 전 학급 1등을 했고, 꼴찌 반과 무려 평균 점수가 10점 넘게 차이가 났습니다. 교련과목을 담당하셨던 담임선생님께서는 기쁜 마음에 떡이라도 돌려야겠다고 각자 집에서 쌀을 조금씩 가지고 오라고 하셨고, 담임선생님께서는 쌀을 포댓자루에 챙겨와서 떡을 주문해 전교생이 맛있게 설기떡을 나눠 먹었던 추억이 생각납니다.

제가 파이팅 넘치는 구호를 하필 몸, 마음, 지식을 튼튼히 하자고 정했는지 정확히 기억은 나지 않지만, 저 3가지만 튼튼하다면 완벽에 가까운 상태가 되겠다고 생각했던 것 같습니다. 앞장에서도 신체 건강, 인성, 지혜에 대한 저의 생각을 말씀드렸었지요.

아무리 훌륭한 학자나 성인 혹은 훌륭한 코치와 트레이너분들의 책을 읽고, 강의를 듣고, 개별지도를 받는다고 해도 내가 실행하지 않는 이상 의미 없는 시간이고, 내 삶에 끼칠 수 있는 영향은 미비하다고 생각합니다.

행동하기 이전에 생각을 바꿔먹기는 쉽습니다. 우리가 새해가 되면 '일찍 일어나야지.', '책을 좀 읽어야겠어.', '다이어트 해야지.', '금연 도전' 등 생각으로는 쉽게 결심하고 마음을 다잡을 수 있습니다. 그렇게 마음먹은 뒤에 한두 번의 실행은 할 수 있겠지요. 그런데 무의식 수준이 습관이 되는 이 과정이 가장 어려운 단계라 생각합니다.

성공한 사람들에 관해 다룬 책에서 그들의 성공 비결을 언급할 때, 공통점은 성공으로 이끈 습관이었다고 이야기합니다. 생각이 바뀌면 행동이 바뀌고, 생각과 행동이 바뀌어 만든 습관이 그 사람의 인생을 바꿀 수 있다는 이야기가 그들의 주장을 뒷받침해 주는 이유일 것입니다.

1~2시간 만에 후딱 끝낼 수 있는 일 중에서도 중요한 일이 있을 수 있겠지만, 보통의 중요한 일들은 축적된 많은 시간이 필요하고, 단련의 시간과 노력이 필요하기에 중요한 일이라고 정의할 것입니다.

우리는 내 몸을 챙기는 일, 내 마음을 챙기는 일, 지식을 넓혀나가고 지혜를 얻는 일이 중요하다는 것은 알고 있지만, 당장에 급한 일은 아니기에 생업에 밀려 우선순위에서 뒤로 내쳐지게 됩니다. 하지만 시급하지 않다고 등한시 했던 일도, 마감시한이 정해지면 긴급하면서도 중요한 일로 둔갑해 버리지요.

예를 들면 영어공부는 평소에 해야 하는 것을 알면서도 급하지 않아서 미루게 되지요. 시간이 지나 회사에서 혹은 학회 발표의 기회가 주어지면 평소 열심히 하지 않았던 것을 후회하게 됩니다. 건강검진 결과지를 받아들고 '평소에 술 좀 적게 마시고, 담배도 끊고, 체중관리도 좀 신경 썼어야 했는데' 하는 후회가 밀려오듯 말입니다.

우리는 무언가 변화를 시도할 때 거부감을 먼저 느끼는 첫 번째 이유는 그것을 할 시간이 없다는 데 있지 않을까 싶습니다. 내가 사용하는 시간을 면밀하게 살펴본다면 분명 긴급하지도 중요하지도 않은 일에 사용하는 시간이 있을 겁니다. 그런 시간을 잘 파악하고 줄여나가는 노력을 하면서, 긴급하진 않지만 중요한 일을 조금씩 실행해 나가보면 어떨까 생각합니다.

저의 하루 습관 10가지 항목을 들여다보면 신체건강에 해당하는 운동 10분, 다이어트 일지작성이 있습니다. 또한 인성과 관련된 항목으로는 감사기도, QT나눔, 성경 말씀 3장 읽기가 있습니다. 지혜에 해당하는 부분에는 영어문장 읽기연습, 독서 10분이 있습니다. 그리고 기본적으로 가지고 가는 바인더 정리시간과 비전 확언하기도 있습니다.

이렇게 날마다 조금씩 나를 챙겨주는 시간을 확보하는 훈련을 해놓는다면, 무의식 중에도 습관처럼 하는 이 일들이 제 삶을 변화시켜 줄 것이라 믿습니다.

날마다 감사한 이유를 챙기고, 묵상을 나눌 시간을 갖고, 신체 건강뿐 아니라 마음과 지식의 건강도 챙기는 습관으로 인해 삶이 더 윤택해지고 풍성해지는 것을 느끼고 있습니다. 또한, 책을 쓰겠다는 확언과 목표 쓰기 습관 훈련을 통해 실행력을 더 높이고 종국에는 제 이름으로 된 책이 출간되어, 단 한 분에게라도 제 이야기를 통해 힘을 얻고 위로와 용기를 얻으실 수 있기를 간절히 바랍니다.

온전히 나답게 풍성한 삶을 살 수 있도록 몸, 마음, 지식튼튼을 날마다 실천해 봅시다.

7.
글쓰는 삶을 사는 인생

한 번쯤 버킷리스트 목록에 넣고 싶은 것으로 자서전 쓰기를 생각해 본 경험이 있을 것입니다. 저 역시 사랑하는 가족들 특히 세 딸들에게 꼭 들려주고 싶은 이야기를 책으로 써야겠다는 간절한 바람이 있었습니다.

블로그를 시작했던 이유도, 일상의 기록을 눈에 담을 시간도 없이 금방금방 성장해 버리는 아이들을 바라보고 있자니, 유년시절 어떻게 우리 가족이 함께 살아왔는지 기록으로 남기고 싶어서였습니다. 먼 훗날 유산을 상속해주는 대신 제 인터넷 로그인 비밀번호를 남겨주고 가려던 의도가 다분히 숨겨져 있습니다.

어디에 갔었고 어떤 일들이 있었고 그때 너희는 뭘 했고, 어떤 말을 했는지까지 고스란히 남겨주고 싶었습니다. 아이들이 어린이집이나 유치원에서 만들어 온 제 눈엔 잡동사니 애물단지 같은 작품도 일시적으로 전시한 뒤, 사진을 찍어서 블로그에 포스팅을 해두고 있습니다. 그러고는 기억하지 못할 때쯤 정리를 하곤 했습니다.

한글을 막 배우기 시작할 때 선생님이 적어준 글씨를 흉내를 내 그리는 수준의 아이들 편지도, 고스란히 블로그에 남겨져 있습니다. 저에게 글쓰기란 매일을 기록하는 일기였습니다.

이런 저에게 책 쓰기라는 소망이 생겼고 그 꿈을 이룰 수 있도록 도움을 주신 이은대 작가님을 만났습니다. 이젠 더 나아가 나의 이야기만 소중한 것이 아니라 타인의 삶을 존중해 주고 귀히 여기는 마음의 그릇을 키워나가고 있습니다.

즐거워서 웃는 것이 아니라 웃기 때문에 행복한 것처럼, 말장난 같을 수 있지만 매일의 단상을 남기는 글을 쓰고 있는 요즘, 글을 쓰고 있는 저를 느끼며 이미 나는 작가라는 생각을 하게 됩니다. 직업으로써 명사형 작가가 아닌, 실제 글을 쓰는 삶을 사는 동사로서 그 의미가 다가오고 있습니다.

영화에서 사건의 배경과 등장인물들이 풍기는 느낌과 현장의 분위기, 주인공의 심경변화를 영상이라는 특성상 시각적으로 메시지를 담고 잘 살려서 수초 이내에 표현할 수 있지만, 글로써 전달할 메시지를 독자에게 오감으로 생생하게 느낄 수 있도록 풀어내는 작가의 능력을 생각한다면, 감히 저를 작가라고 수식해도 될까 하는 생각이 들 때도 있습니다. 하지만 타인의 평가와 시선에서 조금은 자유롭게 나만의 정의로 신념과 확신을 하고 내 마음대로 주장하고 싶을 때도 있습니다. 평생에 걸쳐서 머릿속에 떠다니는 상념과 단상들을 끊임없이 써내고 또 나누고 선한 영향력을 끼칠 수 있기를 간절히 바랍니다.

책 쓰기를 위한 과정을 돌아보니 내 이야기를 한번 써봐야지 결심하고 짠~하고 뚝딱뚝딱 써내려 간 것이 아니라 살아온 시간을 되돌려보는 시간이 필요했었습니다. 그동안 겪었던 일들을 통해 깨달음을 얻고, 반성하고 교훈을 얻게 된 과정들이 필요했고, 삶에 많은 영향을 끼쳤던 사람들이 가끔은 주인공으로 또 배경인물들로 소개해야 하는 것도 필수 요소들이었습니다. 앞으로 다가올 미래도 멋진 글감들이 된다 생각하면 하루하루 소중하지 않은 순간이 없는 것 같습니다.

글을 쓰는 일은 돈도 들지 않고 의미 있으며, 쓰는 재미까지 있으니 평생에 업으로 삼아도 좋을 것 같습니다.

남들이 만들어서 제공해주는 콘텐츠만 소비하며 살았다면, 한 번쯤은 나만의 콘텐츠를 만들어 공급해주는 역할을 해보고 싶지 않으신가요?

글 쓰는 삶과 글을 입에 담아서 전하는 강연가의 삶, 콘텐츠를 제공하는 제작자의 삶을 살면서, 많은 분과 소통하고 감동을 나누고 희망을 이야기하고 싶습니다.

8.
나만의 행복 *To do list*

00학번 대학신입생 시절 야간대학으로 입학했습니다. 수능 성적에 맞춰 국립대로 가야 한다는 전제조건이 붙었기에, 안정권으로 합격할 수 있기 위해 선택했던 학교와 학과는 부산에 있는 국립 부경대학교 응용화학공학부였습니다. 고등학생 시절 내신에서 가장 낮은 점수를 받았던 화학2를 생각한다면 절대 선택하면 안 되는 응용화학과에 야간으로 신청하여 합격할 수 있었습니다. 그래도 명색이 인문계 여고 학생회장 출신인데 야학으로 공부해야 한다고 생각하니, 입학을 앞두고 들뜨기보다는 어쩔 수 없는 선택지였다고 생각하고 자포자기한 심정이 먼저 들었습니다. 그래서 오리엔테이션이니 예비생 모임이니 하는 개강 전 공식행사는 죄다 결석했었습니다.

수강신청을 하고 첫 수업을 들으러 강의실에 가보니, 이미 삼삼오오 친한 단짝들이 끼리끼리 모여 이야기꽃을 피우고 있었습니다.

그 속에서 혼자 덩그러니 외롭게 자리만 차지하고 있다 보니 학교 다니기가 싫어졌고, 공통과목임에도 불구하고 내용이 어렵게 느껴지고 공부할 의욕도 생기지 않았습니다. 이런 마음으로 1학기를 보내고 나니 학기 초 수강신청 후 폐강된 과목을 정정할 수 있는 기간과 방법도 몰라 최종 수강 신청된 1학년 공통과목 4과목만 듣게 되었습니다. 결과 또한 예상했던 대로 1학기 성적은 2과목 F, 2과목 C로 학점 평점이 1.0 볼펜 심 학점을 받게 되었습니다.

집으로 학사경고장이 날라왔고, 집에서는 '무슨 일인가?' 하고 발칵 뒤집혔습니다. 이후 저는 2학기 때는 일단 결석은 하지 말자 다짐하고 마음을 다잡으려고 노력을 했음에도 불구하고, 적성에 맞지 않는다는 핑계를 대며 재수 준비를 하겠다고 선언을 하게 됩니다.

1년을 아르바이트와 병행하면서 재수준비를 한다고 해봤지만, 공부는 공부대로 안 하고 아르바이트 강도는 날이 가면 갈수록 더 심해져 갈피를 못 잡는 상황이 돼버렸습니다.

재수 준비도 마찬가지였습니다. 제가 간절하게 원했던 학과나 방향이 없었음에도 재수를 선택했던 터라 많은 고민 끝에 다시 학교로 복학해서 최선을 다해보자는 결정을 내렸습니다. 성인이 되어 첫 선택지였던 나의 학과가 부모님과 선생님 권유로 떠밀리다시피 결정된 거라고 생각했지만, 최종 동의와 선택은 나의 몫이었으니 최선을 다해보자는 마음이 생겼습니다. 저는 복학할 마음을 굳게 먹었고, 부모님께서는 제가 학교생활을 즐겁게 하길 바라는 마음에 큰 맘 먹고 경차를 선물해 주셨습니다.

2학년으로 복학해 새로운 사람들과 새롭게 시작하는 마음을 먹고, 학교 구석구석 탐색도 하고 도서관, 식당, 학생회관 등의 복지시설들도 이용하며, 친구도 한 명씩 사귀고 학업에도 몰입할 수 있었습니다. 꾸준히 노력한 결과 졸업 당시에는 과수석으로 졸업하는 반전 스토리가 생겼습니다. 20살에 처음 갖게 된 나만의 공간인 차 안은 저에게 있어 최고의 힐링 장소였습니다. 비가 오는 날도 눈이 오는 날도 해가 쨍하게 떠 있는 날도 어디든 원하는 곳으로 나와 동행해주는 최고의 친구였습니다. 같이 식사할 친구가 없을 땐, 편의점에서 간단한 먹거리를 사서 마음 편히 먹을 수 있는 식당도 되어주었습니다. 그때나 지금이나 제 차는 저의 최고의 힐링 스팟입니다. 라디오도 듣고 팟캐스트 방송을 듣기도 하고 찬양을 듣고 부르며, 혼자서 부흥회를 열고 눈물범벅이 된 채 운전을 하기도 합니다.

나만의 행복한 공간과 행복을 위한 To do list가 있으신가요? 온전히 나에게 집중하고 현재의 내가 가장 나답고 행복할 수 있는 시간을 많이 확보할 수 있기를 바랍니다. 뭔가 노력하고 억지로 시간을 만들어 공을 들여야만 추구할 수 있는 것이 아니라 일상 속에서 느낄 수 있는 것들이라면 더 좋겠습니다.

저는 일부러 불편함을 택해서, 현재 제가 가지고 있는 것들에 감사하는 것을 연습해 봤습니다. 출퇴근길 버스와 지하철을 환승해서

역에서 회사까지 걸어가 보면서 나를 필요로 하는 일터가 있다는 것이, 또 대중교통이 필수사항이 아니라 선택지가 될 수 있다는 것에 감사해 합니다. 이렇듯 '낯설게 하기'를 통해서 평소의 삶이 안정감을 주고 행복이었다는 것을, 큰 힘 들이지 않고도 알 수 있게 되며, 또 다음을 감사하게 살아갈 수 있게 만들어 줍니다.

온전한 삶을 위한 도전

세 아이의 엄마로 12년 차 직장인으로 정리수납/자기계발 강사로 팟캐스트 진행자로 일인다역을 하게 된 배경과 성장 스토리를 나눌 수 있어 행복했습니다. 한 문장으로 간략하게 적어 내려갈 수 없을 만큼 힘들고, 치열했고, 절절했고, 이 길밖에 없다는 간절함으로 살아왔습니다. 힘들었던 과거로 돌아갔다가, 꿈을 다 이루었을 희망찬 미래로 가보는 등 글 쓰는 과정을 통해 타임머신을 타고 멋지게 여행도 다녀올 수 있었음은 제가 얻게 된 보너스입니다.

세 딸이 성장해서 이 책을 읽을 수 있게 되었을 때, 본인들의 유년시절에 기억하는 엄마가 불완전했고 실수투성이였지만, 꿈을 향해 환경에 굴하지 않고 끊임없이 노력했구나. 우리 엄마 좀 멋있는데? 이런 생각을 해주길 바라는 마음에 용기 내서 끝까지 마무리할 수 있었습니다. 제가 감히 아이들에게 바라는 것은 언제나 꿈과 희망을 품고, 환경에 굴복당하지 않으며, 절대 포기하지 않는 도전정신을 가졌으면 하는 바람입니다. 적어도 하고 싶은 일이 있을 때, 노력해 보지 않고 불평과 원망부터 하는 아이들이 되지 않기를 바라는 마음도 있습니다.

자기계발, 자기경영은 내 삶의 주인이 나라는 것과 인생의 중요한 갈림길에서 내리게 되는 선택에서, 짜장면 먹을까? 짬뽕 먹을까? 와 같은 일상에서 일어나는 사소한 선택에 따른 결과도 내가 감당한다는 것을 받아들임으로 시작됩니다.

우리는 목적지까지 가는 길을 몰라 내비게이션의 도움을 받을 때가 있습니다. 제일 먼저 차를 타고 내비게이션을 켭니다. 맨 처음으로 동작하게 되는 것은 GPS로 현재 위치를 파악하는 일입니다. 목적지까지 가면서 다양한 길을 안내받을 수 있으며, 취향에 맞게끔 내가 선호하는 길을 결정하고 출발하면 되는 것입니다. 가고자 하는 최종 목적지도 어떤 길을 선택해서 갈 것인지 모두 내가 결정하고 선택해야 합니다. 출발지점과 도착지점의 간격을 파악하고, 효율적으로 갈 수 있는 방향이 없는지 알아가는 과정이 바로 자기계발 영역이라 생각합니다.

이 책에서는 자기계발의 기본 3대 요소로 신체, 인성, 지성에 대한 계발을 주제로 뽑아봤습니다. 누구나 필요성은 알고 있는 부분이지만, 다시 한 번 이 3가지 요소가 왜 필요한지를 전달드리고, 작은 습관 훈련으로 나도 할 수 있겠다는 자신감을 심어드리며, 실행력을 끌어올리는 데 목적을 두고 제 사례로 풀어봤습니다. 저 역시 다양한 책에서 소개하는 방법들을 적용해보고 전문가를 만나 코칭을 받으면서, 점점 저만의 지속해서 실행할 수 있는 노하우를 터득해 나가고 있습니다.

재미가 있어야 의미가 전달된다는 어느 강사분의 이야기를 듣고 재미있는 자기계발을 어떻게 할 수 있을까 함께 머리를 맞대고 고민하다가 나온 것이, 자기계발 팟캐스트 〈작심삼일〉입니다. 계획된 삶을 온몸으로 거부하는 허 PD와 전민기 아나운서, 취미가 자기계발인 작심삼일러 직장인 대표 양 과장과 저 이렇게 4명의 진행자가 함께 다양한 자기계발을 함께 도전하고 청취자분들과도 오픈 채팅방으로 도전기를 나누고 있습니다. 저희의 도전기는 '네가 하면 나도 할 수 있을 것 같은데?' 같은 뉘앙스를 가지고 있으며, '재밌을 것 같은데 나도 한번 해볼까?'라는 마음을 먹을 수 있게 해서, 작은 도전으로 인생의 큰 변화와 성과를 내는 삶이 될 수 있도록 돕는 것입니다. 이것이 바로 제가 방송을 진행하는 이유이자 목적입니다.

저는 눈에 보이지 않는 인생에서 더 중요한 우선순위들가족, 사랑, 우정, 시간, 꿈, 목표, 비전 등을 놓친 채, 눈에 보이는 것에 탐심을 내다가 모두 날리고 나서야 깨달았습니다.

1. 내 삶의 통제권을 타인에게 넘겨주면 불행해진다는 것
2. 어떤 선택을 하든 결과까지 감내할 수 있을 때 진짜 어른이 된다는 것
3. 진정한 재테크는 나에 대한 투자라는 것

4. 무지無知가 곧 리스크라는 것

5. 도전하는 과정을 감사하며 행복해 할 수 있다는 것

6. 엄두가 안 나는 목표도 작은 시도를 지속적으로 함으로 이룰 수 있다는 것

7. 좋은 습관이 곧 내 삶을 성공자의 길로 인도한다는 것

8. 베풀고 나눌수록 삶이 더 풍성해진다는 것

9. 함께하면 멀리 갈 수 있다는 것

10. 결국, 사람이 답이다는 것

이 모든 것이 머릿속에만 있던 개념이고 이론이었습니다. 하지만 이제는 머리에서 가슴으로 내려와 마음속 깊은 곳에 신념으로 자리 잡게 되었습니다.

지금 이 순간도, 그리고 앞으로도 좌절을 겪고 다시 시작하는 마음으로 날마다 온전한 나다움에 집중하면서, 그 과정과 결과를 통해 많은 분에게 선한 영향력을 끼치는 삶이 될 수 있기를 바라는 마음으로 살고 싶습니다.

선택도 나의 몫, 책임도 나의 몫입니다.

독자분들의 온전한 나다움을 향한 도전의 행보를 열렬히 응원 드립니다.

읽어주셔서 감사합니다.